생각 씨앗을 키우는 초등 문해력 신문

2호

KC마크는 이 제품이 공통안전기준에 적합하였음을 의미합니다.
제조자명 ㈜이퍼블릭
제조국 대한민국
사용 연령 7세 이상
주의 사항
- 책장에 손이 베일 수 있으니 주의하세요.
- 던지거나 떨어트려서 다치지 않게 주의하세요.

생각 씨앗을 키우는
초등 문해력 신문 2

초판 1쇄	발행일	2024년	6월	30일
초판 3쇄	발행일	2024년	7월	10일

지은이	김병섭 김용세
펴낸이	유성권

편집장	윤경선		
기획	정지현	편집	김효선 조아윤
홍보	윤수담 박채원	디자인	박정실
마케팅	김선우 강성 최성환 박혜민 심예찬 김현지		
제작	장재균	물류	김성훈 강동훈

펴낸곳	㈜이퍼블릭
출판등록	1970년 7월 28일, 제1-170호
주소	서울시 양천구 목동서로 211 범문빌딩 (07995)
대표전화	02-2653-5131 | 팩스 02-2653-2455
메일	loginbook@epublic.co.kr
포스트	post.naver.com/epubliclogin
홈페이지	www.loginbook.com

- 이 책은 저작권법으로 보호받는 저작물이므로 무단 전재와 복제를 금지하며, 이 책 내용의 전부 또는 일부를 이용하려면 반드시 저작권자와 ㈜이퍼블릭의 서면 동의를 받아야 합니다.
- 잘못된 책은 구입처에서 교환해 드립니다.
- 책값과 ISBN은 뒤표지에 있습니다.

로그인 은 ㈜이퍼블릭의 어학·자녀교육·실용 브랜드입니다.

경제 | 사회 | 환경 | 과학 | 문화 | 세계 | 예술 | 건강 | 스포츠　　2호

생각 씨앗을 키우는
초등 문해력 신문

김병섭·김용세 지음

하루 30분,
진짜 생각이 자라는 매일 신문 읽기

로그인

서문

　초등학교 교실에서 "최근에 종이 신문 읽어본 사람 손들어 보세요."라고 묻는다면 어떤 결과가 나올까요? '서너 명 정도는 손을 들겠지.' 하는 마음으로 직접 물어보았습니다. 놀랍게도 손을 든 아이는 한 명도 없었습니다. 되레 아이들은 이렇게 되물었습니다. "선생님, 신문은 인터넷으로 보는 거 아닌가요?" 고개를 갸웃거리며 저를 바라보는 아이들에게 무슨 말을 해주어야 할지 무척 난감했습니다.

　요즘 아이들은 종이 신문은 물론이고 종이책도 즐겨 읽지 않습니다. 방과 후 학교 풍경은 예전과 사뭇 다릅니다. 책을 읽는 아이들은 극소수이고, 스마트폰으로 유튜브 영상을 보거나 게임을 하는 아이들이 대부분입니다. 독서의 즐거움을 느끼는 아이들이 빠르게 줄어들고 있는 것이지요. 이런 현상은 어른이라고 해서 다르지 않습니다. 필요한 정보를 찾을 때 어른들 역시 책이나 종이 신문보다 스마트폰이나 컴퓨터를 이용하는 경우가 훨씬 더 많습니다.

　유튜브나 넷플릭스 같은 영상 매체는 우리에게 정보와 재미를 쉽고 빠르게 전달해 줍니다. 대신 깊이 생각할 시간은 주지 않지요. 아이들은 글을 읽고 어휘 하나하나를 곱씹으며 깊이 생각하는 활동이 필요합니다. 하지만 디지털 세상은 아이들을 책에서 점점 멀어지게 만들고 있습니다.

　많은 교육 전문가들이 문해력을 키우려면 독서를 잘해야 한다고 합니다. 하지만 뚜렷한 해법을 제시하는 경우는 많지 않습니다.
　"작가님, 어떻게 하면 우리 아이가 책을 읽을까요?"
　"선생님, 아이들 문해력을 기르려면 어떻게 해야 하나요?"

　초등 교사이자 동화 작가로서 종종 받는 질문입니다. 문해력을 기르는 것은 생각보다 어렵지 않습니다. 생활 속에서 아이들이 관심을 가질 만한 이야기를 다양한 어휘로 접할 수 있게 해주면 됩니다. 이왕이면 재미있고 생활 속에서 적용해 볼 만한 내용이면 더 좋겠죠. 여기에 하루 30분, 아니 한 쪽이라도 누군가와 함께 글을 읽고 대화할 수 있다면 효과는 더욱 커질 것입니다.

　아이들이 스스로 글을 읽고 생각을 키울 수 있는 책을 고민하는 과정에서 이 책《생각 씨앗을 키우는 초등 문해력 신문》이 탄생했습니다. 이 책을 쓴 목적은 단순 명료합니다. 아이들 스스로 글을 읽고 생각을 키워 나갈 수 있는 책을 만들고 싶었습니다. 이 책에 나온 글을 매일 조금씩 읽고 생각한 내용을 글로 적어 보세요. 문해력과 사고력이 저절로 향상될 것입니다.

　이 책에는 흥미로운 신문 기사 40개와 문해력 향상을 돕는 단계별 학습 코너가 담겨 있습니다. 생각 씨앗을 심는 것으로 시작하여 생각 열매를 맺는 학습 코너를 따라가다 보면 자연스럽게 생각이 자라는 과정을 경험하게 될 것입니다. 학습 코너에는 아이들의 대화를 넣어 생동감을 더했고, 한자 풀이를 넣어 어휘력이 향상되도록 하였습니다. 만약 친구들과 함께 신문 기사를 읽고 토론을 한다면 더욱 유익할 것입니다.

　신문은 세상을 바라보는 눈입니다. 어린이 여러분이《생각 씨앗을 키우는 초등 문해력 신문》을 읽고, 문해력 향상을 넘어 세상을 바라보는 눈을 키울 수 있으면 좋겠습니다.

_김병섭, 김용세

이 책의 구성과 특징

① 신문 읽기

신문 기사를 소리 내어 유창하게 읽어요.

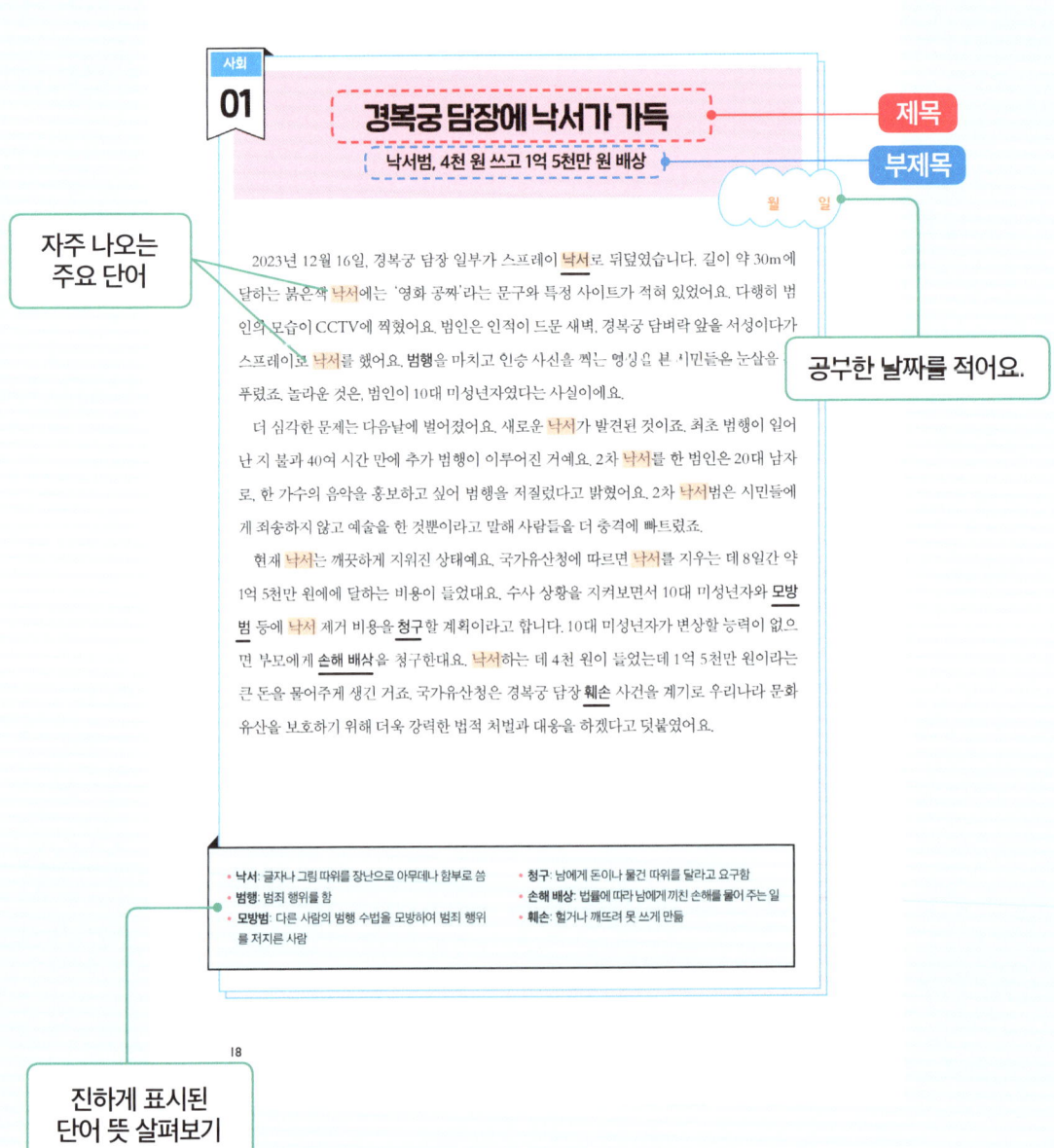

❷ 생각 씨앗

기사의 제목과 주요 단어를 살펴보며 중심생각을 찾아요.

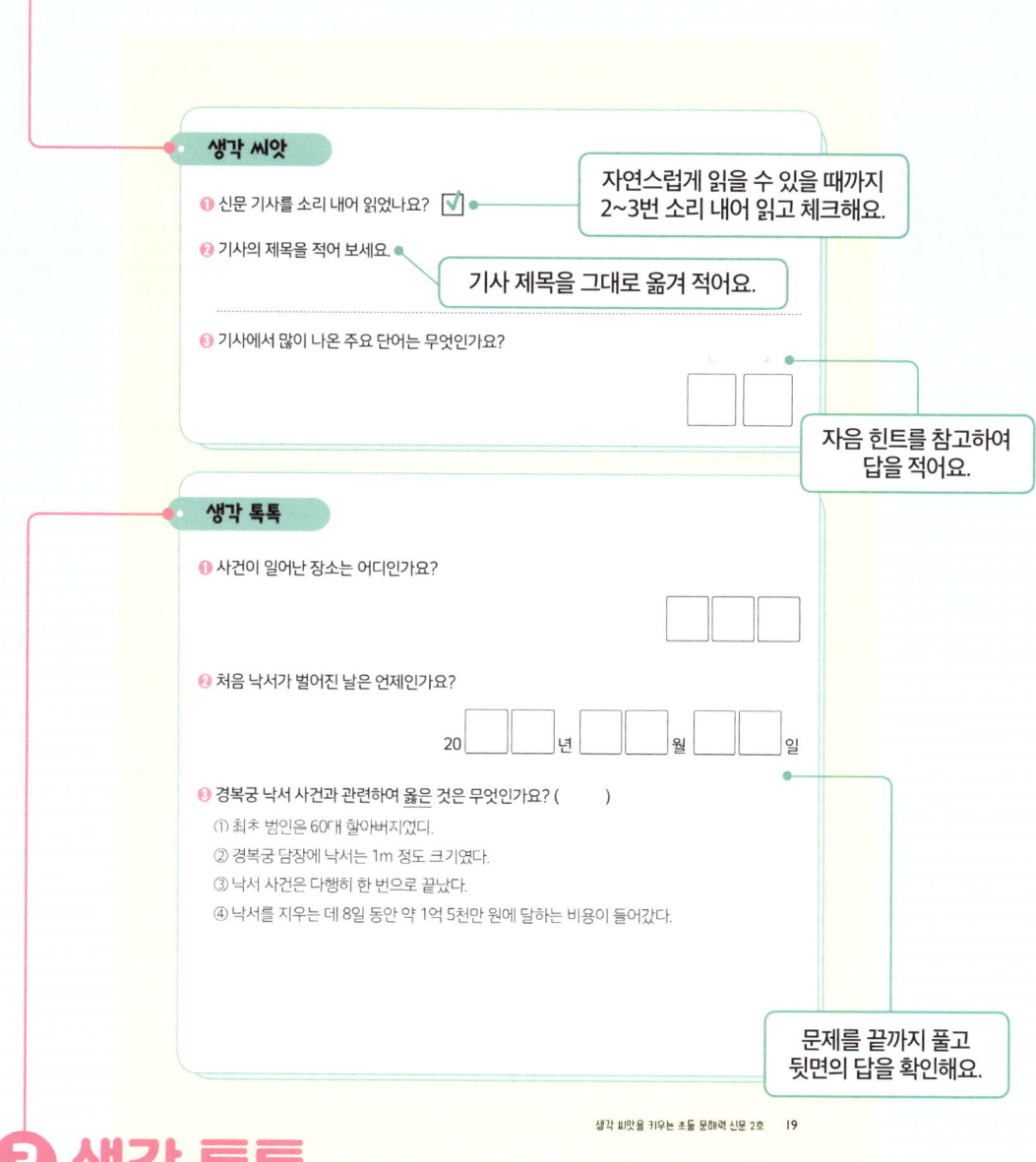

❸ 생각 톡톡

문제를 풀며 신문 기사의 사실적인 내용을 파악해요.

④ 생각 쑥쑥

친구들의 대화를 살펴보며 자기 생각을 떠올려요.

> 친구들의 대화를 소리 내어 읽어 보고
> 여러분이라면 어떤 말을 할지 생각해 보세요.

생각 쑥쑥

소중한 문화유산에 낙서를 하다니 이해할 수 없어. 강력하게 처벌해야 한다고 생각해.

1차 범행이 끝나고 40시간 만에 2차 범행이 이루어졌다는 점도 놀라워. 자신의 낙서를 예술이라고 말하다니 부끄럽지도 않나?

경복궁 담장뿐 아니라 전국의 많은 문화유산에 낙서 사건이 벌어지고 있대. 비슷한 일이 일어나지 않도록 방법을 찾아야 할 것 같아.

생각 열매 — 친구들의 대화를 바탕으로 자신의 생각을 적어 보세요.

- 만약 초등학생이 경복궁 담장에 낙서를 했다면 어떻게 해야 할까요?

```
_____
_____
_____
_____
_____
_____
_____
_____
```

⑤ 생각 열매

친구들의 대화를 떠올리며 자기 생각을 표현해요.

❻ 한자로 어휘 쑥쑥 및 생각 정리

한자의 뜻을 살펴보며 어휘력을 키우고 신문 기사를 한 문장으로 요약해요.

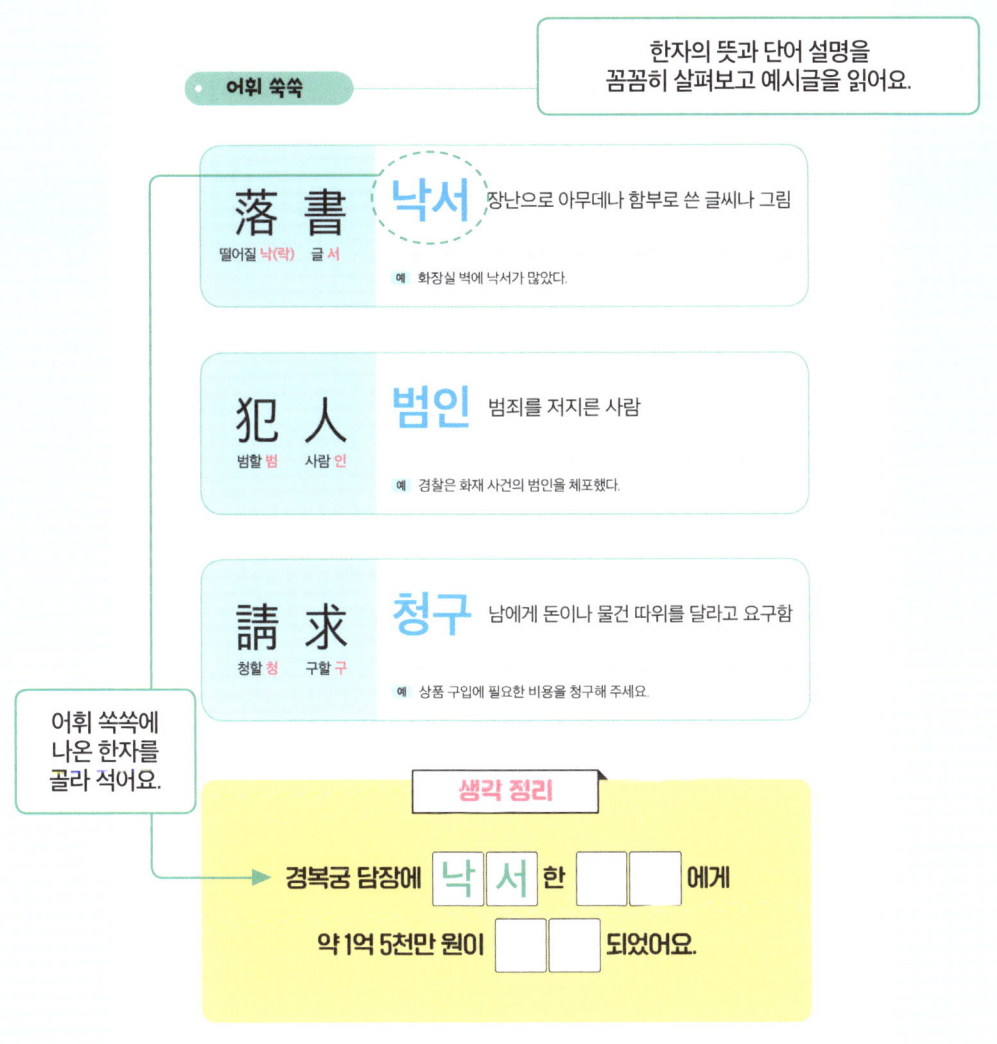

❼ 생각 놀이터

기사와 관련된 재미있는 활동이나 생각해 볼 수 있는 내용이 담겨 있어요.

생각 놀이터

- 문화유산에 낙서를 금지하는 표지판을 그려 보세요.

- 도움말: 금지를 나타내는 그림을 떠올려 보세요. 🚫

차 례

서문 04
이 책의 구성과 특징 06

1주차

01 사회 경복궁 담장에 낙서가 가득 ········ 18
02 문화 정읍 소싸움 대회, 27년 만에 폐지 ········ 22
03 환경 환경부, 일회용품 규제 철회 ········ 26
04 과학 최초로 지구 궤도에 오른 우주견, 라이카 ········ 30
05 사회 유아차 대신 개모차 ········ 34

2주차

06 예술 미디어 파사드, 밤을 수놓다 ········ 42
07 사회 사라지는 콜센터, 사라지는 일자리 ········ 46
08 경제 슈링크플레이션, 용량 줄이고 포장지 바꿔 ········ 50
09 사회 줄어드는 어린이집, 늘어나는 노인 시설 ········ 54
10 사회 개 식용 금지법 통과, 2027년부터 보신탕집 사라진다 ········ 58

3주차

- 11 [과학] 유럽 연합, 유전자 교정작물 규제 완화 66
- 12 [환경] 친환경 논쟁 붙은 종이 빨대 70
- 13 [예술] 그림이 들린다, 음악으로 재탄생한 칸딘스키 74
- 14 [과학] 백두산 폭발 100년 주기설의 진실 78
- 15 [사회] 갈등 불러온 길고양이 급식소 설치 문제 82

4주차

- 16 [사회] 한 시간 만에 뚝딱, AI 프로필 사진 유행 90
- 17 [건강] 정신 건강 위협하는 숏폼 영상 중독 94
- 18 [사회] 서울시, 세계 최초 심야 자율주행 버스 무료 운영 98
- 19 [과학] 제임스 웹, 제작비 13조 원 최고의 우주 망원경 102
- 20 [문화] K팝부터 스포츠까지 포토 카드 마케팅 열풍 106

5주차

- 21 [경제] 국가 경제 위기에 빠뜨리는 디플레이션 114
- 22 [환경] 산천어 축제, 해야 하나? 말아야 하나? 118
- 23 [사회] 좋은 물 사먹으려다 미세 플라스틱? 122
- 24 [환경] 일본은 어쩌다 세계 최대 지진 피해국이 되었나? 126
- 25 [사회] 한마디 실수가 바꾼 독일의 역사 130

6주차

26	문화	짜게 먹는 습관, 오래되면 우리 몸 곳곳 아프게 해	138
27	환경	환경 보호하는 플로깅과 플로빙	142
28	사회	전기 자동차를 넘어 전기 비행기 시대로	146
29	환경	태평양 한가운데 커다란 쓰레기 섬이 둥둥	150
30	경제	AI와 인간의 일자리 전쟁	154

7주차

31	스포츠	세상에서 가장 빠른 사람, 우사인 볼트	162
32	문화	세계가 부러워하는 K-공중화장실	166
33	환경	비행기가 다니지 않는 하늘 길이 있다?	170
34	경제	석유 유전 발견으로 단숨에 경제 성장률 62.3% 껑충	174
35	환경	논밭 누비는 오리 유목민	178

8주차

36	사회	월화수목일일일, 주 4일 근무 시대 열린다	186
37	경제	밀크플레이션과 멸균 우유의 반란	190
38	문화	극장 가서 영화 볼래? OTT로 집에서 볼래?	194
39	사회	전기 요금 누진제, 국제 표준으로 바꿔야	198
40	사회	엄마, 내가 카페인을 마셨대요	202

어휘 익히기 **207** | 해답 **216**

신문은 세상을 바라보는 눈입니다.

NEWS 2호

1주차

1주차 주간 학습 계획표

회차	영역	신문 기사	학습 계획일
1	사회	경복궁 담장에 낙서가 가득	월 일
2	문화	정읍 소싸움 대회, 27년 만에 폐지	월 일
3	환경	환경부, 일회용품 규제 철회	월 일
4	과학	최초로 지구 궤도에 오른 우주견, 라이카	월 일
5	사회	유아차 대신 개모차	월 일

사회 01

경복궁 담장에 낙서가 가득

낙서범, 4천 원 쓰고 1억 5천만 원 배상

월   일

2023년 12월 16일, 경복궁 담장 일부가 스프레이 **낙서**로 뒤덮였습니다. 길이 약 30m에 달하는 붉은색 낙서에는 '영화 공짜'라는 문구와 특정 사이트가 적혀 있었어요. 다행히 범인의 모습이 CCTV에 찍혔어요. 범인은 인적이 드문 새벽, 경복궁 담벼락 앞을 서성이다가 스프레이로 낙서를 했어요. **범행**을 마치고 인증 사진을 찍는 영상을 본 시민들은 눈살을 찌푸렸죠. 놀라운 것은, 범인이 10대 미성년자였다는 사실이에요.

더 심각한 문제는 다음날에 벌어졌어요. 새로운 낙서가 발견된 것이죠. 최초 범행이 일어난 지 불과 40여 시간 만에 추가 범행이 이루어진 거예요. 2차 낙서를 한 범인은 20대 남자로, 한 가수의 음악을 홍보하고 싶어 범행을 저질렀다고 밝혔어요. 2차 낙서범은 시민들에게 죄송하지 않고 예술을 한 것뿐이라고 말해 사람들을 더 충격에 빠뜨렸죠.

현재 낙서는 깨끗하게 지워진 상태예요. 국가유산청에 따르면 낙서를 지우는 데 8일간 약 1억 5천만 원에 달하는 비용이 들었대요. 수사 상황을 지켜보면서 10대 미성년자와 **모방범** 등에 낙서 제거 비용을 **청구**할 계획이라고 합니다. 10대 미성년자가 변상할 능력이 없으면 부모에게 **손해 배상**을 청구한대요. 낙서하는 데 4천 원이 들었는데 1억 5천만 원이라는 큰돈을 물어주게 생긴 거죠. 국가유산청은 경복궁 담장 **훼손** 사건을 계기로 우리나라 문화유산을 보호하기 위해 더욱 강력한 법적 처벌과 대응을 하겠다고 덧붙였어요.

- **낙서**: 글자나 그림 따위를 장난으로 아무데나 함부로 씀
- **범행**: 범죄 행위를 함
- **모방범**: 다른 사람의 범행 수법을 모방하여 범죄 행위를 저지른 사람
- **청구**: 남에게 돈이나 물건 따위를 달라고 요구함
- **손해 배상**: 법률에 따라 남에게 끼친 손해를 물어 주는 일
- **훼손**: 헐거나 깨뜨려 못 쓰게 만듦

생각 씨앗

❶ 신문 기사를 소리 내어 읽었나요? ☐

❷ 기사의 제목을 적어 보세요.

----

❸ 기사에서 많이 나온 주요 단어는 무엇인가요?

ㄴ ㅅ
☐ ☐

생각 톡톡

❶ 사건이 일어난 장소는 어디인가요?

☐ ☐ ☐

❷ 처음 낙서가 벌어진 날은 언제인가요?

20 ☐☐ 년 ☐☐ 월 ☐☐ 일

❸ 경복궁 낙서 사건과 관련하여 옳은 것은 무엇인가요? ( )
  ① 최초 범인은 60대 할아버지였다.
  ② 경복궁 담장에 낙서는 1m 정도 크기였다.
  ③ 낙서 사건은 다행히 한 번으로 끝났다.
  ④ 낙서를 지우는 데 8일 동안 약 1억 5천만 원에 달하는 비용이 들어갔다.

생각 쑥쑥

소중한 문화유산에 낙서를 하다니 이해할 수 없어. 강력하게 처벌해야 한다고 생각해.

1차 범행이 끝나고 40시간 만에 2차 범행이 이루어졌다는 점도 놀라워. 자신의 낙서를 예술이라고 말하다니 부끄럽지도 않나?

경복궁 담장뿐 아니라 전국의 많은 문화유산에 낙서 사건이 벌어지고 있대. 비슷한 일이 일어나지 않도록 방법을 찾아야 할 것 같아.

생각 열매

- 만약 초등학생이 경복궁 담장에 낙서를 했다면 어떻게 해야 할까요?

어휘 쑥쑥

落書 떨어질 낙(락) 글 서
낙서 장난으로 아무데나 함부로 쓴 글씨나 그림
예) 화장실 벽에 낙서가 많았다.

犯人 범할 범 사람 인
범인 범죄를 저지른 사람
예) 경찰은 화재 사건의 범인을 체포했다.

請求 청할 청 구할 구
청구 남에게 돈이나 물건 따위를 달라고 요구함
예) 상품 구입에 필요한 비용을 청구해 주세요.

생각 정리

경복궁 담장에 ☐☐ 한 ☐☐ 에게 약 1억 5천만 원이 ☐☐ 되었어요.

문화 02

정읍 소싸움 대회, 27년 만에 폐지
전통의 계승인가, 동물 학대인가

월   일

전라북도 정읍에서 열리는 소싸움 대회가 동물 학대 **논란**으로 27년 만에 **폐지**된다는 소식입니다. 정읍 소싸움 대회는 1996년에 시작되어 2003년에는 문화 관광 축제로 지정되기도 하였지만 23회 대회를 끝으로 사라지게 되었어요. 반려동물을 소중히 여기고 동물 **복지**를 중요시하는 시대적 흐름을 고려한 결정이라고 합니다.

소싸움은 우리나라의 전통 놀이였어요. 수컷 싸움소끼리 뿔 달린 머리를 맞대고 힘을 겨루다가 먼저 도망가는 소가 지는 경기죠. 소싸움이 언제부터 시작되었는지 정확한 기록은 없어요. 하지만 우리 민족은 일찍부터 농사에 소를 이용해 왔고, 소들이 풀을 뜯는 과정에서 자연스럽게 머리를 맞대고 힘을 겨루는 일이 발생했을 것으로 보고 있어요.

소싸움은 1919년 3.1운동 이후 사람들이 모이는 것을 꺼리는 일제의 **탄압**을 받아 중단되었다가 1970년대 다시 시작되었습니다. 그리고 1990년대 들어 경상도 지역에서 **부활**했지요. 전국에서 가장 유명한 청도 소싸움 대회를 비롯해 매년 11개 지자체에서도 소싸움 대회를 열고 있어요. 동물 보호 단체는 초식 동물인 소에게 육류로 된 보양식을 먹이고, 혹독한 훈련과 싸움을 시키는 것 자체가 문제라며 폐지를 요구했어요. 하지만 다른 한 편에서는 지역 경제와 전통 놀이를 **활성화**하는 데 필요하다며 맞서고 있어요.

- **논란**: 여럿이 서로 다른 주장을 내며 다툼
- **폐지**: 실시하여 오던 제도나 법규, 일 따위를 그만두거나 없앰
- **복지**: 행복한 삶
- **탄압**: 권력이나 무력 따위로 억지로 눌러 꼼짝 못하게 함
- **부활**: 폐지한 것을 다시 되살림
- **활성화**: 기능을 활발하게 함

생각 씨앗

❶ 신문 기사를 소리 내어 읽었나요? ☐

❷ 기사의 부제목을 적어 보세요.

_____

❸ 기사에서 많이 나온 주요 단어는 무엇인가요?

ㅅ ㅆ ㅇ
☐ ☐ ☐

생각 톡톡

❶ 정읍 소싸움 대회는 몇 년 만에 폐지되었나요?

☐☐ 년

❷ 소싸움은 우리나라의 ☐☐☐☐ 였어요.

❸ 소싸움에 관한 설명으로 옳지 않은 것은 무엇인가요? ( )

① 정읍 소싸움 대회는 1996년에 시작되었다.
② 동물 학대 논란으로 정읍 소싸움 대회가 폐지되었다.
③ 소싸움은 3.1운동 이후 폐지되었다가 1970년대에 다시 시작되었다.
④ 정읍 소싸움 대회가 전국에서 가장 유명하다.

생각 쑥쑥

동물 복지를 위해 소싸움 대회가 폐지되었다니 다행이야. 사람들 때문에 동물이 억지로 싸우지 않았으면 좋겠어.

전통 놀이로 시작된 소싸움 대회를 꼭 없애야 할까? 오래 전부터 이어져 온 놀이인데 없애는 건 아닌 것 같아.

소싸움으로 가장 유명한 경상북도 청도군에는 많은 돈을 들여 전용 경기장을 세웠대. 소싸움이 지역의 상징이라 없애는 건 어렵다고 해.

생각 열매

- 동물 복지를 위해 소싸움을 없애야 할까요?

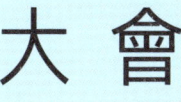

어휘 쑥쑥

大 會 클 대 / 모일 회
대회 기술이나 재주를 겨루는 큰 모임
예) 그는 수영 대회에서 금메달을 땄다.

虐 待 모질 학 / 기다릴 대
학대 몹시 괴롭히거나 사납게 대우함
예) 어린이는 학대받아서는 안 된다.

廢 止 폐할 폐 / 그칠 지
폐지 실시하여 오던 제도나 법규, 일을 그만두거나 없앰
예) 그 나라는 오래전에 노예 제도를 폐지했다.

생각 정리

정읍 소싸움 ☐☐ 가 동물 ☐☐ 논란으로 ☐☐ 되었다.

환경 03

환경부, 일회용품 규제 철회
규제 1년 만에 없었던 일로?

월   일

　일회용품 **규제**가 1년 만에 사라지게 되었습니다. **자영업자**의 부담이 크고 소비자들도 불편을 **호소**하자 **철회**하게 된 것이지요.

　환경부는 2022년 11월 24일부터 1년간 종이컵과 플라스틱 빨대, 비닐봉지 사용을 금지해 왔어요. 이를 어길 시 300만 원의 **과태료**를 물렸는데, 이제 더는 이를 규제하지 않겠다고 밝힌 것이지요. 그동안 일회용품 사용 규제로 자영업자들의 부담이 컸다는 이유입니다. 일회용품 사용 규제로 컵을 씻을 사람을 **고용**하거나 식기세척기를 설치해야 했으니까요. 우리나라가 전 세계에서 유일하게 종이컵 사용을 규제하는 나라라며 지나치다는 주장도 많았지요.

　하지만 환경 단체의 생각은 다릅니다. 정부가 일회용품 줄이기를 포기한 거라며 **비판**했어요. 환경부 발표에 따르면, 일회용품 규제로 비닐봉지 사용량은 2017년 3,810t에서 2022년 660t으로 크게 줄었습니다. 또 우리나라에서 사용하는 종이컵이 연 250억 개에 이르는 만큼 이에 대한 규제가 있어야 한다는 입장입니다.

　국제 사회는 일회용품 사용을 규제하는 쪽으로 바뀌고 있어요. 유럽도 2021년부터 플라스틱 일회용품 사용을 금지했어요. 베트남도 2025년부터 호텔이나 관광지에서 빨대를 비롯한 플라스틱 일회용품 사용을 금지하기로 했습니다. 이번 일로 일회용품 사용 규제에 대한 혼란만 커지고 있습니다.

- **규제**: 법이나 규정으로 제한하거나 금하는 것
- **자영업자**: 자신의 힘으로 혼자 경영하는 사업자
- **철회**: 이미 주장한 것을 번복함, 한 번 말한 것을 취소함
- **호소**: 억울하거나 딱한 사정을 남에게 간곡히 알림
- **과태료**: 의무 이행을 태만히 한 사람에게 벌로 물게 하는 돈
- **고용**: 돈을 받고 남의 일을 해 줌
- **비판**: 현상이나 사물의 옳고 그름을 판단하여 밝히거나 잘못된 점을 지적함

생각 씨앗

❶ 신문 기사를 소리 내어 읽었나요? ☐

❷ 기사의 제목을 적어 보세요.

------

❸ 기사에서 많이 나온 주요 단어는 무엇인가요?

ㅇ	ㅎ	ㅇ	ㅍ

생각 톡톡

❶ 일회용품 규제는 몇 년 만에 사라지게 되었나요?

☐ 년

❷ 일회용품 규제에 관한 설명으로 옳지 <u>않은</u> 것은 무엇인가요? ( )
 ① 일회용품 규제는 1년 만에 사라지게 되었다.
 ② 2022년에는 비닐봉지 사용량이 늘었다.
 ③ 유럽은 플라스틱 일회용품 사용을 금지했다.
 ④ 일회용품 규제로 자영업자들의 부담이 컸었다.

❸ 일회용품 규제가 1년 만에 사라지게 된 이유는 무엇인가요?

생각 쑥쑥

배달 음식을 시켜 먹는 사람들이 많아서 그런지 일회용품이 엄청 많아졌어. 환경을 위해 일회용품 사용을 규제해야 하지 않을까?

작은 카페나 음식점을 운영하는 사장님은 일회용품 규제로 힘든 점이 많았을 거야. 어쩔 수 없는 선택이라고 생각해.

다른 선진국은 환경보호를 위해 일회용품 사용을 규제하고 있어. 갑자기 말을 바꾸는 건 잘못된 거라 생각해. 환경보호를 위해 규제가 필요해.

생각 열매

- 카페에서 종이컵과 플라스틱 빨대 사용을 규제해야 할까요?

어휘 쑥쑥

一回用品 한 일 / 돌아올 회 / 쓸 용 / 물건 품
일회용품 한 번만 쓰고 버리는 물건
예) 일회용품 사용을 줄입시다.

規制 법 규 / 절제할 제
규제 법이나 규정으로 제한하거나 금하는 것
예) 방송에서 외래어 사용을 규제하고 있다.

撤回 거둘 철 / 돌아올 회
철회 주장했던 것을 번복함
예) 그는 주장을 철회했다.

생각 정리

환경부는 1년 만에 ☐☐☐☐ 사용 ☐☐ 를 ☐☐ 했다.

과학
04

최초로 지구 궤도에 오른 우주견, 라이카
우주로 간 떠돌이 개의 숨겨진 이야기

월   일

라이카는 세계 최초로 지구 궤도에 오른 우주견이에요. 라이카는 원래 모스크바 길거리를 떠돌던 개였어요. 그러다 러시아(구소련) 우주 과학자들의 눈에 띄어 우주 훈련을 받게 되었지요. 우주 공간에서 동물이 생존할 수 있는지를 살펴보기 위함이었습니다.

라이카는 유기견 중 가장 똑똑하고 말을 잘 들었습니다. 과학자들은 라이카를 인공위성 스푸트니크 2호에 태워 우주에 보내기로 했죠. 그리고 1957년 11월 3일, 카자흐스탄 바이코누르 우주 기지에서 스푸트니크 2호가 발사되었어요. 무게 508kg의 작은 캡슐에는 라이카가 앉아 있었어요. 러시아는 라이카에게 산소를 공급하고, 이산화탄소를 제거하는 생명 유지 장치와 먹이 공급 장치를 인공위성에 장착했다고 밝혔어요. 하지만 무사히 귀환했는지는 알리지 않았죠. 그렇게 라이카는 러시아의 우주 영웅이 되었습니다.

발사 6일 뒤, 러시아는 라이카가 산소 부족으로 숨졌다고 공식적으로 발표했어요. 이후 몇몇 나라에서 라이카를 기념하는 우표를 발행했고, 라이카는 유명해졌지요. 그리고 2002년 10월, 스푸트니크 2호 계획에 참여한 한 연구자에 의해 라이카의 죽음에 관한 진실이 공개되었어요. 사실 라이카는 발사 후 온도 조절 장치 이상에 의한 과열과 스트레스로 5~7시간 만에 죽었다고 합니다. 지금의 우주 비행사들이 안전한 비행을 할 수 있는 건 라이카를 비롯한 많은 동물들의 희생이 있었던 덕분이에요.

- **궤도**: 천체의 둘레를 돌면서 그리는 곡선의 길
- **생존**: 살아 있음
- **캡슐**: 우주 비행체의 기밀 용기
- **귀환**: 본래 있던 곳으로 돌아가거나 돌아옴
- **과열**: 지나치게 뜨거워짐. 또는 그런 열

생각 씨앗

❶ 신문 기사를 소리 내어 읽었나요? ☐

❷ 기사의 제목을 적어 보세요.

------

❸ 기사에서 많이 나온 주요 단어는 무엇인가요?

ㄹ ㅇ ㅋ

생각 톡톡

❶ 라이카는 어느 나라의 개인가요?

❷ 1957년 라이카가 탄 우주선의 이름은 무엇인가요?

❸ 라이카 죽음의 진실은 무엇인가요?

생각 쑥쑥

우주 비행사가 안전한 비행을 할 수 있었던 건 라이카를 비롯한 많은 동물들의 희생 덕분이구나.

라이카를 우주 영웅으로 만들어야 했을까? 라이카 죽음의 진실을 알게 되니 너무 슬퍼.

우주인이 된다는 건 어떤 기분일까? 나 같으면 지구에 돌아오는 게 걱정돼서 무서울 것 같아.

생각 열매

- 여러분이 우주선을 탈 수 있다면 타고 싶나요? 이유를 함께 적어 보세요.

어휘 쑥쑥

地球 땅 지 / 공 구
지구 태양에서 세 번째로 가까운 행성
예) 달은 지구 주위를 돈다.

軌道 바퀴 자국 궤 / 길 도
궤도 천체 둘레를 돌면서 그리는 곡선의 길
예) 인공위성을 지구 궤도 위로 쏘아올렸다.

歸還 돌아갈 귀 / 돌아올 환
귀환 본래 있던 곳으로 돌아가거나 돌아옴
예) 병사는 작전을 마치고 무사히 귀환했다.

생각 정리

라이카는 최초로 ☐☐ 의 ☐☐ 에 오른 우주견이지만 ☐☐ 하지 못했다.

사회 05

유아차 대신 개모차

반려견 개모차, 아기용 유아차보다 더 잘 팔려

   월   일

길거리에서 강아지를 태운 **유아차**를 본 적이 있나요? 일명 '개모차'라고도 불리는 반려견용 유아차입니다. 최근에는 유아차보다 개모차가 더 많이 팔리고 있습니다. 2021년에는 반려동물용이 33%, 아기용이 67% 정도의 판매량을 보였다면 2023년부터는 개모차 57%, 유아차 43%로, 개모차가 더 많이 팔린다고 합니다.

개의 **수명**은 길어야 20년입니다. 개는 열두 살을 넘기면 **관절**에 이상이 생겨 잘 걷지 못해요. 이렇다 보니 나이가 든 **노령견**을 키우는 사람들이 산책을 시키려는 용도로 개모차를 구매합니다. 하지만 꼭 노령견을 위해 개모차를 구입하는 것은 아니에요. 바구니 부분을 **분리**하여 애완견 시트로 사용하거나 이동용 가방으로도 사용하지요. 반려동물을 키우는 사람들 사이에 개모차의 인기가 높아질 수밖에 없는 것이지요.

농림축산식품부가 2023년 조사한 결과에 따르면 **반려동물**을 키우는 가구 수는 602만에 달합니다. 이는 전체 인구의 25.4%로, 4가구 중 1가구는 반려동물을 키운다고 볼 수 있죠. 반려동물을 키우는 가정이 늘어나는 만큼 반려동물 용품을 구매하는 사람들이 늘어나는 건 당연한 일이에요. 하지만 유아차보다 개모차가 더 팔렸다는 건, 그만큼 우리나라의 저출산 문제가 심각하다는 것을 의미합니다.

- **유아차**: 어린아이를 태워서 밀고 다니는 수레
  (* 평등 육아를 지향하는 사회 분위기를 반영하여 유모차에서 유아차로 개정)
- **수명**: 생물이 살아 있는 기한
- **관절**: 뼈와 뼈가 서로 맞닿아 연결되어 있는 곳
- **노령견**: 나이가 많은 늙은 개
- **분리**: 서로 나누어 떨어짐
- **반려동물**: 사람이 정서적으로 의지하고자 가까이 두고 기르는 동물

생각 씨앗

❶ 신문 기사를 소리 내어 읽었나요? ☐

❷ 기사의 제목을 적어 보세요.

------

❸ 기사에서 많이 나온 주요 단어는 무엇인가요?

ㄱ ㅁ ㅊ
☐ ☐ ☐

생각 톡톡

❶ 강아지를 태운 유아차를 무엇이라고 불리나요?

☐ ☐ ☐

❷ 개모차를 구입하는 이유는 무엇인가요?

------

❸ 유아차보다 개모차가 더 많이 팔리는 이유는 무엇인가요?

생각 쑥쑥

유아차보다 개모차가 더 많이 팔린다니 저출산 문제가 정말 심각한가봐.

반려동물을 키우는 사람들이 개모차를 끌고 다니는 데는 다 이유가 있었구나.

우리나라에도 반려동물을 키우는 사람들이 엄청 늘어나고 있어. 앞으로 개모차처럼 반려동물을 위한 용품이 많이 판매될 것 같아.

생각 열매

- 나이 든 반려동물을 키운다고 상상해 보세요. 개모차 가격이 30만 원이라면 구매하겠습니까? 이유도 함께 적어 보세요.

어휘 쑥쑥

乳 兒 車
젖 유 / 아이 아 / 수레 차

유아차 어린아이를 태워 끄는 수레

예) 아이를 유아차에 태우고 산책하는 부부가 많다.

伴 侶 動 物
짝 반 / 짝 려 / 움직일 동 / 물건 물

반려동물 사람이 가까이 두고 기르는 동물

예) 반려동물은 우리와 함께 사는 가족이다.

販 賣
팔 판 / 팔 매

판매 상품 따위를 팜

예) 신제품이 절찬리에 판매되고 있다.

생각 정리

저출산으로 ☐☐☐ 보다 ☐☐☐☐ 을 위한 개모차가 더 많이 ☐☐ 되었다.

생각 놀이터

- 문화유산에 낙서를 금지하는 표지판을 그려 보세요.

* 도움말: 금지를 나타내는 그림을 떠올려 보세요.

NEWS 2호

2주차

2주차
주간 학습 계획표

회차	영역	신문 기사	학습 계획일
6	예술	미디어 파사드, 밤을 수놓다	월 일
7	사회	사라지는 콜센터, 사라지는 일자리	월 일
8	경제	슈링크플레이션, 용량 줄이고 포장지 바꿔	월 일
9	사회	줄어드는 어린이집, 늘어나는 노인 시설	월 일
10	사회	개 식용 금지법 통과, 2027년부터 보신탕집 사라진다	월 일

예술 06

미디어 파사드, 밤을 수놓다
어둠을 빛으로 바꾸는 아름다운 기술

월   일

매년 11월 초가 되면 서울의 한 백화점 **인근**은 사람들로 발 디딜 틈이 없습니다. 바로 건물 **외벽**에 비친 미디어 파사드를 보기 위해 온 인파 때문이죠. 미디어 파사드(Media facade)란 건물 외벽에 **조명**을 설치하여 정보를 전달하는 미디어 기능을 갖게 하는 것을 말합니다. 예를 들면 건물 외벽에 프로젝터로 영상을 비춰 스크린처럼 보이게 하는 거죠.

미디어 파사드는 도시 건축물에 시각적 아름다움과 정보 전달 기술을 더해 만든 예술 작품이라 할 만해요. 2023년에는 크리스마스를 주제로 백화점 건물 전체를 판타지 동화에 나오는 건물처럼 바꾼 미디어 파사드가 큰 화제가 되었어요. 화려한 쇼가 펼쳐지는 순간 일대 교통이 마비될 정도로 많은 사람들이 몰려들었답니다.

그렇다면 미디어 파사드는 어떤 효과가 있을까요? 미디어 파사드를 적극적으로 활용하면 도시의 밤 문화가 밝아지고 관광객들을 더 많이 끌어모을 수 있습니다. 훨씬 생생하고 **역동적**인 방법으로 정보를 전달할 수 있고요. 최근 BTS 뮤직비디오에 나온 경복궁에도 미디어 파사드가 적용되었는데, 광고 효과가 엄청났다고 합니다. 지역 축제나 유명 관광지에 미디어 파사드를 적절하게 활용하면 관광 산업을 활성화할 수 있겠지요.

미디어 파사드는 문화와 예술을 넘어 여러 분야에서 사용될 것으로 보입니다. 그만큼 긍정적인 영향을 미칠 것이고요. 앞으로 지역의 특성에 알맞은 다양한 **시도**가 펼쳐지기를 기대합니다.

- **인근**: 이웃한 가까운 곳
- **외벽**: 건물 바깥쪽을 둘러싸고 있는 벽
- **조명**: 광선으로 밝게 비춤. 또는 그 빛
- **역동적**: 힘차고 활발하게 움직이는 것
- **시도**: 어떤 것을 이루어 보려고 계획하거나 행동함

생각 씨앗

❶ 신문 기사를 소리 내어 읽었나요? ☐

❷ 기사의 부제목을 적어 보세요.

------

❸ 기사에서 많이 나온 주요 단어는 무엇인가요?

ㅁ ㄷ ㅇ ㅍ ㅅ ㄷ
☐ ☐ ☐ ☐ ☐ ☐

생각 톡톡

❶ 미디어 파사드란 무엇인가요?

건물 ☐☐ 에 ☐☐ 을 설치하여 정보를 전달하는 미디어 기능을 갖게 하는 것

❷ 미디어 파사드에 관한 설명으로 옳지 않은 것은 무엇인가요? (   )

① 미디어 파사드는 건물 외벽을 스크린으로 생각하고 프로젝터로 영상을 비추는 방법을 사용하기도 한다.
② 미디어 파사드를 보려고 사람들이 몰려들 수 있다.
③ BTS 뮤직비디오에 나온 경복궁에도 미디어 파사드를 사용했다.
④ 미디어 파사드는 관광 사업에 사용되지만 큰 효과는 없다.

생각 쑥쑥

큰 건물 벽에서 마치 영화가 나오는 것 같은 장면을 본 적이 있는데, 그게 미디어 파사드였구나. 관광지에 활용하면 정말 좋겠다.

미디어 파사드가 무조건 좋은 것만은 아니야. 강력한 빛 때문에 주변에 사는 사람들은 빛 공해에 시달리고 있대. 사람들이 피해를 보지 않도록 적당하게 했으면 좋겠어.

경복궁에서 하는 BTS 공연 영상을 본 적이 있어. 춤과 음악에 맞춰 경복궁 근정전의 색깔이 바뀌는데 정말 멋졌어. 미디어 파사드는 예술 작품인 것 같아.

생각 열매

- 여러분 집 앞에 큰 빌딩이 있다고 상상해 보세요. 저녁마다 큰 빌딩에서 화려한 미디어 파사드가 펼쳐진다면 어떨 것 같아요?

어휘 쑥쑥

外 壁 바깥 외 / 벽 벽
외벽 건물 바깥쪽을 둘러싸고 있는 벽
예 태풍으로 건물 외벽이 부서졌다.

照 明 비칠 조 / 밝을 명
조명 광선으로 밝게 비춤
예 조명이 너무 밝으면 눈에 좋지 않다.

藝 術 재주 예 / 재주 술
예술 아름다움을 표현하려는 인간의 활동 및 작품
예 그는 예술 작품을 보고 감동했다.

생각 정리

미디어 파사드는 건물 |외|벽| 에 |조|명| 을 설치하고 정보를 전달하는 |예|술| 작품이라 할 만하다.

사회 07

사라지는 콜센터, 사라지는 일자리

인공지능의 발전으로 콜센터 상담사 해고

 월   일

　요즘은 은행이나 택배 회사 **콜센터**에 전화를 해도 상담사와 연결되기가 쉽지 않습니다. 심지어 연결 메뉴에서 '상담사와 통화' 항목이 아예 사라진 경우도 있어요. 인공지능이 발전하면서 상품 예약이나 구매, **반품** 등 모든 안내를 인공지능이 맡게 되었기 때문이에요.

　최근에는 인공지능 상담 서비스의 발달로 은행 콜센터가 **폐지**되고 상담사가 대량 **해고**되는 일도 있었습니다. 이에 하루아침에 일자리를 잃은 상담사들은 억울함을 호소했지요. 하지만 **업체**는 인공지능 상담 서비스로 콜센터 이용률이 20% 정도 낮아졌고, 불가피하게 인원을 **감축**할 수밖에 없었다고 밝혔어요. 더 심각한 문제는 2030년까지 인공지능 상담 서비스 규모가 10배 이상 커질 거라는 데 있습니다. 인공지능 상담 서비스 도입으로 많은 사람들이 일자리를 잃을 위기에 놓인 거죠.

　콜센터 상담사는 전화 상담 횟수는 줄었지만 인공지능 상담사가 처리하기 어렵고 복잡한 업무는 더 증가했다고 합니다. 복잡한 **업무**는 아직 인공지능이 해내기 어렵다는 의미죠. 하지만 인공지능 상담 기술이 발달할수록 일자리는 사라지고 **임금**은 낮아질 수 있어 앞으로 갈등이 더 커질 것으로 예상돼요. 인공지능과 인간이 함께 살아갈 방법을 고민해야 할 때입니다.

- **콜센터**: 회사의 제품 또는 서비스와 관련된 전화 통화 상담 처리 부서
- **반품**: 일단 사들인 물품을 되돌려 보냄
- **폐지**: 실시하여 오던 제도나 법규, 일 따위를 그만두거나 없앰
- **해고**: 고용주가 고용 계약을 해제하여 피고용인을 내보냄
- **업체**: 사업이나 기업의 주체
- **감축**: 덜어서 줄임
- **업무**: 직장 같은 곳에서 맡아서 하는 일
- **임금**: 근로자가 노동의 대가로 받는 돈

생각 씨앗

❶ 신문 기사를 소리 내어 읽었나요? ☐

❷ 기사의 제목을 적어 보세요.

....

❸ 기사에서 많이 나온 주요 단어는 무엇인가요?

ㅋ	ㅅ	ㅌ		ㅎ	ㄱ
☐	☐	☐	상담사	☐	☐

생각 톡톡

❶ 콜센터는 왜 폐지되었나요?

....

....

....

❷ 인공지능 상담 서비스가 발달하면 어떤 일이 벌어질 수 있나요?

....

....

....

생각 쑥쑥

인공지능의 발달이 인간의 일자리를 위협하고 있다니 큰일이야. 그렇다고 인공지능의 발달 속도를 늦출 수는 없잖아.

갑자기 일자리를 잃은 콜센터 직원들은 무척 속상할 것 같아. 좋은 해결 방법이 없을까?

요즘 챗GPT 같은 인공지능 챗봇 서비스를 흔하게 볼 수 있어. 10년 뒤엔 더욱 발달한다고 하니 직업에 큰 영향을 미칠 거야.

생각 열매

- 인공지능의 발달로 인간의 일자리가 줄어든다면 인공지능 개발 속도를 늦춰야 할까요?

어휘 쑥쑥

人工知能 (사람 인, 장인 공, 알 지, 능할 능)
인공지능 인간의 지능을 가진 컴퓨터 시스템
예) 최근 인공지능 연구가 활발하게 이루어지고 있다.

發達 (필 발, 통달할 달)
발달 신체, 정서, 지능 따위가 성장하거나 성숙함
예) 통신 기술이 발달하여 편리해졌다.

解雇 (풀 해, 품 팔 고)
해고 고용주가 고용 계약을 해제하여 피고용인을 내보냄
예) 형이 갑작스럽게 회사에서 해고를 당했다.

생각 정리

☐☐☐의 ☐☐로
콜센터 상담원이 ☐☐되었다.

|경제 08|

슈링크플레이션, 용량 줄이고 포장지 바꿔
한국소비자원 조사 결과 37개 상품 용량 실제 줄어들어

월   일

제품의 포장은 똑같은데 양은 줄었다고 느낀 적이 있나요? 제품 가격은 그대로 두고 크기나 **용량** 등을 줄이는 슈링크플레이션이 나타나고 있습니다. 슈링크플레이션(shrinkflation)은 '줄어든다'라는 뜻의 '슈링크(shrink)'와 '물가 상승'을 의미하는 '인플레이션(inflation)'을 합쳐서 만든 말이에요. 2015년, 영국의 경제학자 피파 맘그렌(Pippa Malmgren)이 코카콜라와 펩시가 캔의 크기를 줄여 **교묘하게** 가격을 인상한 것을 슈링크플레이션이라고 빗대어 말하면서 만들어진 단어죠.

2023년 한국소비자원의 조사 결과 **가공식품** 209개 가운데 3개 품목, 37개 상품의 용량이 실제로 줄어들었다고 합니다. 한국소비자원이 집어낸 37개 상품은 평균 27g 줄어 기존 용량 대비 12%나 용량이 적어졌습니다. 이 결과에 대해 용량이 줄었다는 걸 인정한 기업도 있는 반면 포장을 바꿔 재단장한 상품이라고 주장하는 기업도 있었어요.

재료비와 인건비 상승으로 상품 가격이 올라가면 소비자들은 **부담**을 느낄 수밖에 없습니다. 하지만 슈링크플레이션은 조금 달라요. 가격이 오르지 않은 상품에 **호감**을 느껴 구매하는 소비자 입장에서는 막상 상품의 양이 이전보다 적은 경우 배신감을 느끼기 때문이지요. 이는 소비자를 속이는 행위라고 할 수 있어요. 이에 정부는 사업자가 용량이나 성분을 변경할 경우 소비자에게 정확하게 정보를 공개하도록 **대책**을 세웠어요.

- **용량**: 가구나 그릇 같은 데 들어갈 수 있는 분량
- **교묘하다**: 솜씨나 재주 따위가 재치 있게 약삭빠르고 묘하다
- **가공식품**: 농산물, 축산물, 수산물 따위를 인공적으로 처리하여 만든 식품
- **부담**: 어떠한 의무나 책임을 짐
- **호감**: 좋게 여기는 감정
- **대책**: 어떤 일에 대처할 계획이나 수단

생각 씨앗

❶ 신문 기사를 소리 내어 읽었나요? ☐

❷ 기사의 제목을 적어 보세요.

....

❸ 기사에서 많이 나온 주요 단어는 무엇인가요?

ㅅ	ㄹ	ㅋ	ㅍ	ㄹ	ㅇ	ㅅ

생각 톡톡

❶ 슈링크플레이션이란 무엇인가요?

....

....

....

❷ 슈링크플레이션에 관한 설명으로 옳지 않은 것은 무엇인가요? ( )

① 제품 가격은 그대로 두고 크기를 줄여서 판매하는 방법이다.
② 영국의 경제학자 피파 맘그렌이 만든 말이다.
③ 2023년 한국소비자원 조사 결과 17개 상품의 용량이 실제로 줄었다.
④ 소비자는 오르지 않은 가격에 호감을 느끼고 샀는데 용량이 줄어 있으면 배신감을 느낄 수 있다.

생각 쑥쑥

질소 과자라는 말이 유행한 적이 있어. 포장은 똑같은데 예전보다 용량은 줄어들고 질소만 가득했다는 의미야.

슈링크플레이션은 소비자를 배신하는 행위야. 철저하게 감시하고 조사해야 해. 신고할 수 있는 방법을 소비자들에게 알려야 해.

나는 크기나 용량은 그대로 두고 차라리 가격을 올려서 판매했으면 좋겠어. 포장은 똑같은데 기대했던 것보다 용량이 적으면 서운하잖아.

생각 열매

• 슈링크플레이션 상품을 판매한 사장님에게 하고 싶은 말을 적어 보세요.

어휘 쑥쑥

容量 얼굴 용 · 헤아릴 량(양)
용량 그릇 같은 데 들어갈 수 있는 분량
예 약을 먹을 때는 지시한 용량을 반드시 지키세요.

包裝紙 쌀 포 · 꾸밀 장 · 종이 지
포장지 물건을 싸거나 꾸리는 데 쓰는 종이
예 예쁜 포장지에 싸서 선물하다.

販賣 팔 판 · 팔 매
판매 상품 따위를 팖
예 소비자들에게 상품을 판매하다.

생각 정리

☐☐ 을 줄이고 ☐☐☐ 만 바꿔서 ☐☐ 하는 슈링크플레이션이 일어나고 있다.

사회 09

줄어드는 어린이집, 늘어나는 노인 시설

저출산 고령화로 인해 어린이집 매년 2,000개 줄어

월 일

저출산 시대, 매년 2,000여 개의 어린이집이 문을 닫고 있어요. 보건복지부에 따르면 2017년 이후 1만 개에 달하는 어린이집이 **폐원**했다고 해요. 이와 반대로 노인 시설은 1만 3,000개 정도 늘어났어요. 학부모들은 갑작스러운 어린이집 폐원에 불안해하고 있어요. 특히 맞벌이 가정의 경우 아이를 믿고 맡길 수 있는 곳이 자꾸 사라지니 **불안감**이 커지고 있고요. 어린이집의 계속된 폐원으로 아이를 멀리 떨어진 기관까지 보내야 하니 불편도 증가하고 있지요.

사람이 많이 모여 사는 서울은 다를까요? 서울시 어린이집 **현황**을 살펴보면 2018년에 6,008개였던 어린이집이 2022년에는 4,712개로 줄어든 모습을 확인할 수 있어요. 지방은 상황이 더욱 심각해서 어린이집이 문을 닫은 자리가 요양 병원이나 노인 복지관 같은 노인 시설로 바뀌는 일이 많다고 해요. 심지어 어린이집을 노인 **요양** 시설로 바꿔주는 전문 리모델링 업체까지 등장했다고 하네요. 어린이집과 노인 시설의 개수만 보아도 저출산, **고령화** 문제가 얼마나 심각한지 알 수 있어요.

- **폐원**: 학원이나 병원 등의 기관이 더 이상 운영되지 않음
- **불안감**: 마음이 편하지 아니 하고 조마조마한 느낌
- **현황**: 현재의 상황
- **요양**: 휴양하면서 조리하여 병을 치료함
- **고령화**: 한 사회에서 노인의 인구 비율이 높은 상태로 나타나는 일

생각 씨앗

❶ 신문 기사를 소리 내어 읽었나요? ☐

❷ 기사의 제목을 적어 보세요.

··

❸ 기사에서 많이 나온 주요 단어는 무엇인가요?

ㅇ	ㄹ	ㅇ	ㅈ		ㄴ	ㅇ	ㅅ	ㅅ
				,				

생각 톡톡

❶ 2017년 이후 어린이집은 몇 개나 폐원했나요?

약 ☐ 만 개

❷ 2017년 이후 노인 시설은 몇 개나 늘어났나요?

약 ☐ 만 ☐ 천 개

❸ 어린이집이 줄어들면 어떤 일이 벌어질까요?

··

··

··

생각 쑥쑥

어린이집이 줄어들면 맞벌이 부부들이 불안할 것 같아. 하지만 아이들이 계속 줄어드니 어쩔 수 없는 일이기도 해.

어린이집이 생각보다 너무 빨리 없어지는 것 같아. 최근 몇 년 사이 1만 개나 사라졌다니 놀라운 일이야.

저출산도 문제지만 고령화 문제도 심각해. 이제 노인 인구가 1,000만 명을 넘어설 거래. 의료비 부담이 커질 거야.

생각 열매

- 저출산 고령화가 심해지면 어떤 문제가 일어날까요?

어휘 쑥쑥

高 齡 化
높을 고 / 나이 령 / 될 화

고령화 한 사회에서 노인의 인구 비율이 높은 상태로 나타나는 일

예) 농촌 지역의 고령화 현상이 더욱 두드러지고 있다.

老 人
늙을 로(노) / 사람 인

노인 나이가 들어 늙은 사람

예) 젊은이가 노인에게 자리를 양보했다.

增 加
더할 증 / 더할 가

증가 양이나 수치가 늚

예) 도시 인구가 증가했다.

생각 정리

저출산으로 어린이집은 줄어들고, ☐☐☐로 ☐☐ 시설은 ☐☐ 했다.

> 사회
> 10

개 식용 금지법 통과, 2027년부터 보신탕집 사라진다
현실의 반영인가, 자유의 침해인가

월   일

    2024년 1월 9일, 개의 식용 목적의 사육·도살 및 유통 종식에 관한 특별법, 일명 '개 **식용** 금지법'이 국회를 통과했습니다. 쉽게 말하면, 2027년부터 개고기 제조와 유통이 법으로 완전히 금지되는 것이지요. 이는 1991년 동물보호법이 만들어진 지 33년 만에 벌어진 일이에요. 이에 동물 보호 단체는 **일제히 환호**했지만 개 사육 농장 주인들은 강하게 반발했어요. 반려동물을 키우는 인구가 증가하는 현실을 반영한 법이라며 찬성하는 사람도 많았지만 다른 동물과 달리 개를 먹으면 안 된다고 법으로 규제하는 건 국민의 자유를 **침해**하는 것이라며 반대하는 사람도 있어요.

    법안에 따르면 개를 식용 목적으로 **도살**할 경우 3년 이하의 징역 또는 3천만 원 이하의 벌금을 물 수 있습니다. 다만 3년 동안 **유예 기간**을 두어 개 사육 농장이나 보신탕 음식점 등이 폐업하거나 다른 업종으로 바꾸는 일을 지원한다고 해요. 하지만 이미 여러 문제가 발생했습니다. 육견협회는 농장에 있는 개 한 마리당 최소 200만 원의 **보상금**이 필요하다고 했어요. 하지만 보상금만 1조 원 넘게 필요한지라 현실적인 보상은 어렵다고 합니다.

    더 큰 문제는 농장에서 풀려난 개의 **안락사** 문제인데요. 개 사육 농장에는 평균 400마리의 개가 살고 있는데, 개를 버려둔 채 폐업할 수는 없는지라 수많은 개가 안락사할 것으로 보입니다.

- **식용**: 먹을 것으로 씀
- **일제히**: 여럿이 한꺼번에
- **환호**: 기뻐서 큰 소리로 부르짖음
- **침해**: 침범하여 해를 끼침
- **도살**: 사람이나 짐승을 함부로 참혹하게 마구 죽임
- **유예 기간**: 일정한 시간을 미루어두는 기간
- **보상금**: 보상으로 내놓는 돈
- **안락사**: 고통이 적은 방법으로 생명을 단축하는 행위

생각 씨앗

❶ 신문 기사를 소리 내어 읽었나요? ☐

❷ 기사의 제목을 적어 보세요.

----

❸ 기사에서 많이 나온 주요 단어는 무엇인가요?

ㄱ ㅅ ㅇ
☐ ☐ ☐ 금지법

생각 톡톡

❶ 개 식용 금지법이 언제 통과되었나요?

2024년 ☐월 ☐일

❷ 개 식용 금지법은 몇 년 동안 유예기간을 갖게 되나요?

☐년

❸ 개를 기르는 농장이 폐업하면 어떤 일이 벌어질까요?

생각 쑥쑥

개고기를 먹는다는 이유로 외국 사람들이 우리를 무시했는데 이제 그런 말이 사라지겠어.

개 식용 금지법에 찬성하기는 하지만 법으로까지 정할 일일까? 나중에는 돼지 식용 금지법이 생기는 거 아닌가 모르겠어. 개에 관해서만 법을 만들어 규제하는 건 생각해볼 문제인 것 같아.

농장에 살고 있는 개들이 너무 걱정스러워. 3년 동안 유예 기간이 있다고 하지만 안락사를 당할 수도 있다니 끔찍해. 좋은 방법이 없을까?

생각 열매

- 개 식용 금지법에 찬성 혹은 반대하는 의견을 적어 보세요.

어휘 쑥쑥

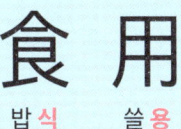

식용 먹을 것으로 씀

예) 식용으로 돼지를 기른다.

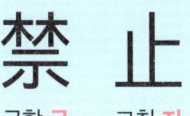

금지 어떤 행위를 하지 못하도록 함

예) 비행기 이륙 시에는 휴대폰 사용을 금지한다.

通過
통할 통 지날 과

통과 의회 등에 제출한 안건이 승인됨

예) 그 법안은 국회에서 통과되지 못했다.

생각 정리

개 ☐ ☐   ☐ ☐ 법이

국회에서 ☐ ☐ 되었다.

- 경복궁 미디어 파사드를 검색하여 영상을 살펴보세요. 경복궁 광화문을 미디어 파사드로 꾸민다고 생각하고 아래 그림을 색칠해 보세요.

- 나만의 미디어 파사드 작품을 꾸미고 설명해 보세요.

NEWS 2호

3주차

3주차
주간 학습 계획표

회차	영역	신문 기사	학습 계획일
11	과학	유럽 연합, 유전자 교정작물 규제 완화	월 일
12	환경	친환경 논쟁 붙은 종이 빨대	월 일
13	예술	그림이 들린다, 음악으로 재탄생한 칸딘스키	월 일
14	과학	백두산 폭발 100년 주기설의 진실	월 일
15	사회	갈등 불러온 길고양이 급식소 설치 문제	월 일

과학 11

유럽 연합, 유전자 교정작물 규제 완화
유전자 가위 기술로 식량 위기를 극복할 수 있을까?

월   일

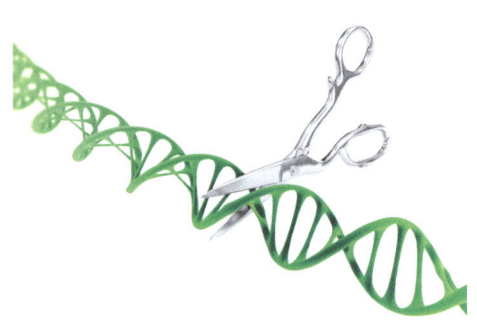

유럽 연합(EU)이 유전자 교정작물(New Genomic Techniques·NGT)에 대한 **규제**를 **완화**하겠다고 발표했습니다. 유전자 교정**작물**이란 **특정** 유전자를 잘라내는 유전자 가위 기술이 적용된 작물을 말합니다. 예를 들어 유전자 가위 기술을 활용하면 땅콩 안에 알레르기를 일으킬 수 있는 유전자를 잘라내어 누가 먹어도 안전한 땅콩을 만들 수 있습니다. 이 기술을 잘만 활용하면 가뭄이나 해충에 대한 **저항**을 키워 기후 변화에 강한 작물을 만들어낼 수 있지요.

환경 단체들은 유전자 교정작물 규제 완화를 반대하고 있습니다. 10년 정도밖에 되지 않은 유전자 가위 기술의 안전성과 효과성이 검증되지 않았다는 이유입니다. 또한 유전자 교정작물이 생태계에 영향을 줄 수 있어 걱정스럽대요.

국내에서 유전자 교정작물에 관한 연구는 가능합니다. 하지만 돈을 벌기 위한 목적으로 판매하는 것은 금지되어 있어요. 현재 우리나라의 유전자 가위 기술은 세계적인 수준이지만 상품 판매는 금지되어 있어서 발전이 어려운 상황입니다. 기후 변화와 식량 위기가 다가오는 시점에서 선진국처럼 규제 완화가 필요한지 고민해 보아야 합니다.

- **규제**: 규칙에 따라 일정한 한도를 정하거나 넘지 못하게 막음
- **완화**: 긴장된 상태나 급박한 것을 느슨하게 함
- **작물**: 논밭에 심어 가꾸는 곡식이나 채소
- **특정**: 특별히 지정함
- **저항**: 어떤 힘이나 조건에 굽히지 아니 하고 거역하거나 버팀

생각 씨앗

❶ 신문 기사를 소리 내어 읽었나요? ☐

❷ 기사의 제목을 적어 보세요.

------

❸ 기사에서 많이 나온 주요 단어는 무엇인가요?

유전자 [ㄱ][ㅈ]작물, 유전자 [ㄱ][ㅇ]기술

생각 톡톡

❶ 유전자 교정작물이란 무엇입니까?

------

❷ 유전자 교정작물에 관한 설명으로 옳은 것은 무엇인가요? (   )

① 유전자 교정작물을 흔히 GMO라고도 부른다.
② 유럽에서는 유전자 교정작물을 강력하게 규제하고 있다.
③ 유전자 교정작물에는 유전자 가위 기술이 적용된다.
④ 우리나라는 유전자 교정작물의 상업적 판매를 허가하고 있다.

생각 쑥쑥

우리나라도 유럽처럼 유전자 교정작물 규제를 완화해야 하지 않을까? 세계적인 기술을 가지고 있는데도 규제를 받으면 발전이 어려우니까 말야.

많은 사람들이 유전자 변형농산물(GMO)이나 유전자 교정작물(NGT)과 같은 유전자 조작 식품을 꺼리는 건 사실이야. 아무리 좋은 기술이라도 그런 식품을 먹는 건 꺼려져.

유전자 교정작물을 활용해 알레르기 없는 땅콩을 만들 수 있는 것처럼 기능성 식품이 더 많이 나오는 건 좋을 것 같아.

생각 열매

- 우리나라도 유전자 교정작물 규제를 완화해야 할까요?

어휘 쑥쑥

遺 傳 子 남길 유 / 전할 전 / 아들 자

유전자 생물체 개개의 유전 형질을 발현시키는 원인이 되는 인자

예) 유전자를 인공적으로 재배합하여 수확량을 늘렸다.

作 物 지을 작 / 물건 물

작물 논밭에 심어 가꾸는 곡식이나 채소

예) 이 지역의 주요 작물은 배추다.

緩 和 느릴 완 / 화할 화

완화 긴장된 상태나 급박한 것을 느슨하게 함

예) 기업에 대한 규제를 완화했다.

생각 정리

유럽은 ☐☐☐ 교정 ☐☐ 규제를 ☐☐ 했다.

환경 12

친환경 논쟁 붙은 종이 빨대
분해 기간 중요한 게 아니라 일회용품 감축이 우선

월   일

2023년 환경부는 일회용 플라스틱 빨대와 종이컵 사용 금지 등의 일회용품 규제 방안을 **철회**했습니다. 정책이 바뀌면서 종이 빨대를 만드는 업체들이 **반발**하게 되었는데, 플라스틱 빨대와 종이 빨대의 경우 친환경 논란까지 일어나며 전문가들 사이에서도 의견이 엇갈리고 있습니다.

종이 빨대에 대한 친환경 논란은 크게 화학 물질 **함유**, 재활용 가능 여부, 탄소 배출량 이렇게 세 가지입니다. 먼저, 종이 빨대에서 과불화 화합물(PFAS)이라는 암 유발 물질이 **검출**되었다는 논란이에요. 벨기에 연구진의 결과로 인해 생긴 논란인데요. 다행히 국내 제품에서는 관련 물질이 검출되지 않았다고 합니다. 다음으로 재활용 가능 여부인데, 종이는 자연에서 150~200일 만에 분해되고, 플라스틱은 500년이 걸려 분해된다는 측면에서 종이 빨대가 우세합니다. 끝으로 탄소 배출량 논란입니다. 2020년 미국환경보호국(EPA)에서 종이 빨대가 플라스틱 빨대보다 5배 많은 양의 탄소를 **배출**한다는 보고서가 나왔습니다. 종이 빨대를 만들기 위해서는 나무를 베어야 하기 때문이지요. 하지만 빨대를 버릴 때 플라스틱 빨대는 소각을 해야 하는 반면 종이 빨대는 소각하지 않아도 되는 만큼 탄소 배출량 측정 방법에 따라 해석이 달라질 수 있습니다.

전문가들은 종이 빨대와 플라스틱 빨대의 친환경 논란보다 중요한 것은 일회용품 **감축**이라고 말합니다. 일회용품 생산과 소비를 모두 줄여야 환경을 보호할 수 있어요.

- **철회**: 주장하였던 것을 다시 회수하거나 번복함
- **반발**: 어떤 상태나 행동 따위에 대하여 거스르고 반항함
- **함유**: 물질이 어떤 성분을 포함하고 있음
- **검출**: 물질 속에 어떤 화학 성분이 있는지를 검사하여 확인하는 일
- **배출**: 안에서 밖으로 밀어 내보냄
- **감축**: 덜어서 줄임

생각 씨앗

① 신문 기사를 소리 내어 읽었나요? ☐

② 기사의 제목을 적어 보세요.

------

③ 기사에서 많이 나온 주요 단어는 무엇인가요?

ㅈ ㅇ ㅃ ㄷ
☐ ☐ ☐ ☐

생각 톡톡

① 빈칸에 알맞은 말을 넣어 종이 빨대의 친환경 논란을 정리해 보세요.

화학 물질 함유 여부	국내 제품에는 과불화 화합물(PFAS)이라는 화학 물질이 ☐ ☐ 되지 않았다.
재활용 가능 여부	종이 빨대는 자연에서 150~200일 만에 분해되고, 플라스틱 빨대는 ☐ ☐ ☐ 년이 걸려 분해된다.
탄소 배출량	종이 빨대가 플라스틱 빨대보다 약 ☐ 배 많은 탄소가 배출된다.

② 종이 빨대를 만드는 업체는 왜 반발하게 되었나요?

생각 쑥쑥

그동안 플라스틱 빨대를 사용하지 못하게 하다가 다시 사용할 수 있게 하다니 종이 빨대를 만드는 회사는 좀 억울할 것 같아.

그래도 환경을 위해서는 종이 빨대를 써야 하지 않을까? 종이 빨대는 200일이면 분해되는데, 플라스틱 빨대는 분해되는 데 500년이나 걸린대.

종이 빨대를 오래 사용하면 흐물대서 사용하기 불편해. 그렇다고 플라스틱 빨대를 쓰기도 그렇고……. 일회용 빨대를 사용하지 않는 것이 가장 좋은 선택 아닐까?

생각 열매

- 여러분은 평소 어떤 빨대를 사용하나요? 사용한 빨대는 어떻게 처리하나요?

어휘 쑥쑥

論 難
논할 논 / 어려울 난

논란 여럿이 서로 다른 주장을 내며 다툼

예) 전자파 유해성 문제가 논란이 되고 있다.

專 門 家
오로지 전 / 문 문 / 집 가

전문가 어떤 분야를 연구하거나 그 일에 상당한 지식과 경험을 가진 사람

예) 전문가들이 그 도자기를 분석했다.

意 見
뜻 의 / 볼 견

의견 어떤 대상에 대하여 가지는 생각

예) 두 팀의 의견이 일치했다.

생각 정리

종이 빨대는 친환경 ☐☐ 으로 ☐☐☐ 들도 ☐☐ 이 엇갈리고 있다.

예술

13 그림이 들린다, 음악으로 재탄생한 칸딘스키
추상화의 거장, 인공지능으로 되살아나다

월   일

　칸딘스키는 20세기 초에 활동한 러시아의 화가입니다. 음악적 느낌이 나는 **추상화**를 그린 것으로 유명하지요. 칸딘스키는 1866년 러시아 모스크바에서 태어났어요. 이후 모스크바 대학에서 법학과 경제학을 공부하고 법학 교수로 **임명**되었습니다. 하지만 1895년에 열린 전시회에서 클로드 모네의 그림을 보고 **감명**을 받아 교수직을 그만두고 서른의 나이에 화가가 되기로 결심했죠.

　칸딘스키는 미술과 음악의 **결합**을 시도했어요. "색은 건반, 눈은 화음, 영혼은 현이 있는 피아노다. 예술가는 피아노를 연주하는 손이다."라는 칸딘스키의 말처럼 칸딘스키의 작품에는 음악이 숨어 있어요. 칸딘스키는 음악의 소리처럼 색채의 질서로 인간의 감성을 표현할 수 있다고 생각했어요. 자신의 생각대로 칸딘스키는 선명한 **색채**를 활용해 음악적 느낌이 나는 추상화를 그려 유명해졌지요.

　사람들은 칸딘스키가 어떤 소리를 듣고 작품을 그렸는지 궁금해 했습니다. 최근 구글 연구진은 인공지능을 활용해 칸딘스키의 미술 작품을 소리로 바꾸는 데 성공했어요. 칸딘스키 작품에 그려진 선과 도형, 색을 분석해 음악으로 바꾼 거예요. 구글에서 검색하면 칸딘스키의 미술 작품을 소리로 들을 수 있어요.

- **거장**: 예술, 과학 따위의 어느 일정 분야에서 특히 뛰어난 사람
- **추상화**: 구체적인 인물이나 사물을 그리지 않고 점이나 선, 면, 색과 같은 요소만으로 감정과 생각을 표현한 그림
- **임명**: 일정한 지위나 임무를 남에게 맡김
- **감명**: 감격하여 마음에 깊이 새김
- **결합**: 둘 이상의 사물이나 사람이 서로 관계를 맺어 하나가 됨
- **색채**: 물체가 빛을 받을 때 물체의 겉에 나타나는 특유한 빛깔

생각 씨앗

❶ 신문 기사를 소리 내어 읽었나요? ☐

❷ 기사의 제목을 적어 보세요.

------

❸ 기사에서 많이 나온 주요 단어는 무엇인가요?

ㅋ ㄷ ㅅ ㅋ
☐ ☐ ☐ ☐

생각 톡톡

❶ 칸딘스키는 어느 나라 사람인가요?

☐ ☐ ☐

❷ 킨딘스키가 화가가 되기로 결심한 계기는 무엇인가요?

------

❸ 칸딘스키에 관한 설명으로 옳지 않은 것은 무엇인가요? (   )

① 칸딘스키는 18세기에 활동한 러시아 화가다.
② 법학 교수로 임명되었지만 포기하고 화가가 되었다.
③ 미술과 음악의 결합을 시도했다.
④ 음악의 소리처럼 색채의 질서로 인간의 감정을 표현할 수 있다고 생각했다.

생각 쑥쑥

음악 소리를 들으면서 그림을 떠올리다니 칸딘스키는 정말 대단해.

구글에서 'Play a Kandinsky'라고 검색해봤어. 칸딘스키 그림을 클릭하면 소리가 나오는데 엄청 신기해.

아빠랑 칸딘스키 그림을 검색해서 살펴봤는데 뭘 그리려고 했는지 모르겠어. 추상화라는 개념은 어렵지만 떠오르는 감정을 선과 도형, 색을 이용해서 표현한 건 놀라워.

생각 열매

- 〈섬세한 긴장〉이라는 칸딘스키의 1923년 작품입니다. 작품을 보고 느낀 점을 적어 보세요.

어휘 쑥쑥

作 品 지을 작 / 물건 품
작품 예술 창작 활동으로 얻어지는 제작물
예) 그의 작품은 벅찬 감동을 준다.

分 析 나눌 분 / 쪼갤 석
분석 복잡한 것을 풀어서 단순하게 나누는 일
예) 과학자는 면밀하게 자료를 분석한다.

成 功 이룰 성 / 공 공
성공 목적하는 바를 이룸
예) 그녀는 세계적인 사업가로 성공했다.

생각 정리

칸딘스키의 미술 ☐☐ 을 인공지능으로 ☐☐ 하여 소리로 바꾸는 데 ☐☐ 했다.

과학 14

백두산 폭발 100년 주기설의 진실
2025년 백두산에 과연 무슨 일이?

2025년에 백두산이 대폭발한다는 100년 **주기설**은 진실일까요? 이에 대해 기상청은 가능성이 **희박**하다고 발표했어요. 백두산 폭발을 둘러싼 **괴담**이 급속도로 퍼지자 기상청이 화산 활동을 분석해서 결론을 내린 것이지요. 우려와 달리 백두산의 화산 활동은 오히려 안정되었다고 합니다.

그렇다면 사람들은 왜 백두산이 폭발할 것이라고 믿을까요? 백두산이 100년 만에 폭발한다면 1925년에 폭발한 기록이 있어야 하는데, 공식 기록이 아니에요. 백두산에서 화산 연기가 피어올랐다는 러시아 기록만 있을 뿐이죠. 화산 활동은 자연 현상인데 100년에 한 번씩 터진다는 것은 근거 없는 소문입니다. 백두산은 지난 1100년 동안 30여 차례의 크고 작은 **분화**를 했다는 역사적 기록이 있습니다. 백두산이 가장 크게 폭발한 건 946년으로, 이때 뿜어져 나온 화산재가 일본 홋카이도 지역에 비처럼 내렸다고 기록되어 있지요. 백두산의 마지막 분화 기록은 1903년으로 화산재 분석을 통해 증명되었습니다.

그런데 만약 사람들의 우려대로 백두산이 폭발한다면 어떤 일이 벌어질까요? 고온의 화산재가 시속 100km 속도로 쏟아져 땅을 폐허로 만들 수 있어요. 화산재가 3~4년간 태양 빛을 막으면 기온이 떨어질 거예요. 그럼 농작물이 제대로 자라지 못하겠죠. 항공기 운항도 어려워질 거예요. 이산화탄소가 많이 나와서 백두산 주변 50km 안에 있는 생물은 한 시간 내에 **질식**해서 죽을 수도 있어요. **활화산**인 백두산은 언젠가 분화하겠죠? 하지만 2025년에 폭발할 가능성은 희박합니다.

- **주기설**: 일정 기간을 두고 되풀이하여 일어난다는 의견
- **희박하다**: 일이 일어날 희망이나 가능성이 작다
- **괴담**: 괴상한 이야기
- **분화**: 화산성 물질이 지구 내부에서 표면으로 방출됨
- **질식**: 숨통이 막히거나 산소가 부족하여 숨을 쉴 수 없게 됨
- **활화산**: 지금도 화산 활동을 계속하고 있는 화산

생각 씨앗

❶ 신문 기사를 소리 내어 읽었나요? ☐

❷ 기사의 제목을 적어 보세요.

❸ 기사에서 많이 나온 주요 단어는 무엇인가요?

ㅂ ㄷ ㅅ
☐ ☐ ☐ 화산 폭발

생각 톡톡

❶ 기상청은 2025년 백두산 폭발에 대해 어떻게 말했나요?

가능성이 ☐☐ 하다.

❷ 백두산의 마지막 분화는 언제 일어났나요?

19☐☐년

❸ 만약 백두산 화산 폭발이 일어난다면 어떤 일이 벌어질 수 있나요?

생각 쑥쑥

백두산 폭발은 큰 문제가 될 수 있어. 화산재로 식물이 잘 자라지 못하는 것도 그렇고, 항공기 운항이 어려워지면 수입과 수출에 문제가 생길 거야.

국민안전처가 분석한 내용을 보면, 백두산이 폭발하면 경제적 피해가 11조 원에 달할 수 있대. 화산재로 인한 호흡기 질환도 심각해질 거야.

식량 문제도 심각할 거야. 언젠가 일어날 수 있는 일이니 어떻게 해야 할지 대비해야 할 거 같아.

생각 열매

- 만약에 백두산이 폭발한다면 어떻게 해야 할까요?

어휘 쑥쑥

火山 불화 메산
화산 마그마 등의 물질이 지표면을 뚫고 나와 용암 등이 쌓여 만들어진 산 지형
예) 화산 폭발로 인근 마을이 화산재로 덮였다.

可能性 옳을가 능할능 성품성
가능성 앞으로 실현될 수 있는 성질이나 정도
예) 그 일은 실현 가능성이 높다.

稀薄 드물희 엷을박
희박 어떤 일이 이루어질 가능성이 작다.
예) 우리 팀이 이길 가능성은 희박하다.

생각 정리

2025년 백두산 □□ 폭발 □□□은 □□ 하다.

사회 15

갈등 불러온 길고양이 급식소 설치 문제
길고양이에게 밥 주는 문제 두고 다툼 잦아

월   일

길고양이 **돌봄**으로 인한 갈등이 반복되고 있습니다. 한 지역에서는 길고양이 급식소를 없애라는 **계고장**이 붙어 논란이 일기도 했지요.

길고양이 급식소란 길고양이에게 안정적으로 먹이를 주고 주변 환경을 깨끗하게 유지하면서 **중성화 수술**사업을 펼칠 목적으로 만든 시설물이에요. 길고양이를 보살피는 사람들이 설치하는 경우가 대부분이지요. 동물단체와 협력해 길고양이 급식소 사업을 하는 **지자체**도 있습니다. 동물단체와 주민들이 협력해 중성화 사업을 함께 운영하며 길고양이의 수가 늘어나는 것을 막고, 안정적으로 사료와 물을 제공해주고 있는 거죠.

그런데 이로 인해 지역 주민들과 다툼이 벌어지고 있습니다. 길고양이 급식소에서 지속적으로 밥을 주다 보니 길고양이 수가 점점 늘어나 고양이 울음소리 때문에 잠을 제대로 이루지 못한대요. 아이들이 길고양이를 보고 놀라거나 길고양이들이 쓰레기봉투를 찢어놓아 주변 환경이 지저분해진다는 **민원**도 있지요.

길고양이에게 밥을 주는 행위는 **위법**이 아니에요. 민원이 들어오면 급식소를 철거하기보다 관리를 잘하는 것이 중요해요. 길고양이 급식소는 궁극적으로 동물과 사람이 함께 살아가기 위해 만든 시설이니까요. 길고양이에 대한 오해를 줄이려는 노력과 생명 존중을 위한 인식의 변화가 필요합니다.

- **돌봄**: 관심을 가지고 보살핌
- **계고장**: 행정상의 의무를 행하는 것을 재촉하는 문서
- **중성화 수술**: 새끼를 낳는 기능을 하지 못하도록 막는 수술
- **지자체**: 지방 자치 단체를 줄여 이르는 말
- **민원**: 주민이 행정 기관에 대하여 원하는 바를 요구하는 일
- **위법**: 법률이나 명령 따위를 어김

생각 씨앗

❶ 신문 기사를 소리 내어 읽었나요? ☐

❷ 기사의 제목을 적어 보세요.

....

❸ 기사에서 많이 나온 주요 단어는 무엇인가요?

길고양이 | ㄱ | ㅅ | ㅅ |

생각 톡톡

❶ 길고양이 급식소란 무엇입니까?

....

....

❷ 길고양이 급식소가 문제가 된 이유는 무엇인가요?

....

....

....

생각 쑥쑥

난 길고양이 급식소 설치에 찬성해. 하지만 제대로 관리하지 않으면 음식물 쓰레기나 소음 문제가 발생할 수 있으니 신중해야 해.

주변 사람들의 동의 없이 길고양이 급식소를 만드는 건 생각해볼 문제야. 고양이 생명도 소중하지만 주변 사람들에게 피해를 주는 건 싫어.

제대로 운영하면 좋은 점이 많다고 생각해. 동물 학대 사건도 많은 만큼 길고양이 급식소 같은 시설은 필요해.

생각 열매

- 여러분의 집 주변에 길고양이 급식소가 설치되는 것에 관해 어떻게 생각하나요?

어휘 쑥쑥

給食所 줄급 밥식 바소
급식소 식사를 공급하는 장소
예) 학교 급식소에서 비빔밥이 나왔다.

設置 베풀설 둘치
설치 어떤 일을 하는 데 필요한 기관이나 설비 따위를 베풀어 둠
예) 주민들은 쓰레기 소각장 설치에 반대했다.

葛藤 칡갈 등나무등
갈등 칡과 등나무가 얽히는 것과 같이 개인이나 집단 사이에 목표가 달라 서로를 적대시 하거나 충돌함
예) 대화를 할수록 친구들 사이에 갈등이 깊어졌다.

생각 정리

길고양이 ☐☐☐☐☐ 를 두고

☐☐ 이 있어요.

생각 놀이터

- 길고양이 급식소 설치와 관련된 글을 읽고 A 지역 주민들을 설득하는 편지를 써보세요.

> 최근 A 지역에 한 어린이가 설치한 길고양이 급식소로 인해 주민 갈등이 커지고 있습니다. 길고양이 급식소는 길고양이에게 안정적으로 먹이를 주고 중성화 수술 사업을 통해 새끼가 늘어나지 않게 하려는 목적으로 설치한 시설물입니다. 하지만 불쌍하다는 이유로 중성화 수술을 하지 않아 고양이 급식소에 새끼를 낳는 일이 발생했습니다. 주민들은 길고양이 울음소리로 인한 불편을 호소하고 있습니다. A 지역 주민들은 길고양이 급식소를 없앨 예정입니다.

주민 여러분께

안녕하세요. 저는 (　　　　　　　　　)입니다.

NEWS 2호

4주차

4주차 주간 학습 계획표

회차	영역	신문 기사	학습 계획일
16	사회	한 시간 만에 뚝딱, AI 프로필 사진 유행	월 일
17	건강	정신 건강 위협하는 숏폼 영상 중독	월 일
18	사회	서울시, 세계 최초 심야 자율주행 버스 무료 운영	월 일
19	과학	제임스 웹, 제작비 13조 원 최고의 우주 망원경	월 일
20	문화	K팝부터 스포츠까지 포토 카드 마케팅 열풍	월 일

사회 16

한 시간 만에 뚝딱, AI 프로필 사진 유행
인공지능 프로필 사진 정말 내 얼굴일까?

월   일

　최근 **AI 프로필 사진**이 큰 인기를 끌고 있습니다. AI 프로필은 자기 사진을 앱에 올리면 인공지능 기술로 프로필 사진을 만들어주는 서비스를 말해요. 유료임에도 불구하고 인기가 대단하지요. 사진관에 가지 않아도 한 시간 만에 연예인처럼 멋진 프로필 사진을 만들어주니 참으로 편리합니다. 헤어스타일과 옷은 물론 표정도 바꿀 수 있고, 사진관에서 찍는 것보다 가격도 저렴하여 만족도도 높아요.

　하지만 AI 프로필 사진이 **실물**보다 예쁘게 나오다 보니 이런저런 문제점이 나타나고 있어요. 먼저 AI 프로필을 신분증에 사용하려는 사람들이 늘고 있어요. 이에 행정안전부는 주민등록증에 AI 프로필 사진을 사용할 수 없다며 선을 그었어요. 본인 확인이 어려운 **보정** 사진을 신분증으로 사용하는 걸 규제할 계획이라고 합니다. 또한 타인의 사진으로 AI 프로필 사진을 만들 때 **초상권**을 **침해**할 가능성이 있으므로 주의해야 해요. 일반인이나 연예인 사진을 함부로 바꾸거나 조작할 경우 법적 책임을 지게 될 수 있으니 주의가 필요합니다.

　입사 지원서에 AI 프로필을 활용하는 것에 대한 우려도 있어요. 입사 지원서는 회사가 구직자를 가려내기 위해 받는 서류예요. 따라서 정확한 정보가 들어가야 하는데, AI 프로필을 사용하면 **구직자**의 실제 인상을 구분하기 어려워져요.

　AI 프로필 사진은 인공지능 기술을 활용해 개인의 모습을 색다르게 표현해줘서 인기예요. 하지만 사용 과정에서 문제가 발생할 수 있으니 주의가 필요합니다.

- **AI(Artificial Intelligence)**: 인공지능
- **프로필 사진**: 자신을 소개하고 알리기 위해 찍은 사진
- **실물**: 실제로 있는 물건이나 사람
- **보정**: 부족한 부분을 보태어 바르게 함
- **초상권**: 자기의 사진에 대한 독점권
- **침해**: 침범하여 해를 끼침
- **구직자**: 일자리를 구하는 사람

생각 씨앗

❶ 신문 기사를 소리 내어 읽었나요? ☐

❷ 기사의 제목을 적어 보세요.

....

❸ 기사에서 많이 나온 주요 단어는 무엇인가요?

AI ☐프 ☐ㄹ ☐프 사진

생각 톡톡

❶ AI 프로필 사진이란 무엇입니까?

....

....

....

❷ AI 프로필 사진에 관한 설명으로 옳지 <u>않은</u> 것은 무엇인가요? (   )

① AI 프로필 사진은 실물보다 예쁘게 나오는 경우가 많다.
② AI 프로필 사진은 표정을 바꾸기 어렵다.
③ 다른 사람의 사진을 이용하여 만들면 초상권을 침해할 수 있다.
④ 신분증이나 입사 지원서에 사용하는 것은 주의해야 한다.

생각 쑥쑥

AI 프로필 사진을 신분증이나 입사 지원서에 사용하는 건 안 될 것 같아. 사진이 실물과 다르면 신원을 확인하기가 어렵잖아.

난 AI 프로필 사진을 찍는 것에 찬성해. 어차피 사진관에 가도 부분적으로 보정을 하잖아. 사진관에 가면 돈도 많이 드는데 AI 프로필 사진은 저렴하고 편리해.

표정과 헤어스타일 정도만 바꾸는 건데 크게 문제가 될까? 최대한 실물과 비슷한 얼굴을 골라서 사용하면 괜찮을 거 같은데…….

생각 열매

- AI 프로필 사진을 입사 지원서에 써도 될까요?

어휘 쑥쑥

寫 眞 베낄 사 / 참 진
사진 물체의 형상을 감광막 위에 나타나도록 찍어 오랫동안 보존할 수 있게 만든 영상
예) 앨범 속에 있는 사진을 보았다.

實 物 열매 실 / 물건 물
실물 실제로 있는 물건이나 사람
예) 사진보다 실물이 낫다.

流 行 흐를 류(유) / 다닐 행
유행 특정한 행동이 일시적으로 많은 사람의 추종을 받아서 널리 퍼짐
예) 올해는 짧은 패딩이 유행이다.

생각 정리

인공지능 프로필 □□ 이 □□ 보다 예쁘게 나와 □□ 이다.

건강 17

정신 건강 위협하는 숏폼 영상 중독
중독되면 뇌 건강에 문제 생길 수 있어

월   일

　짧은 동영상 콘텐츠, 일명 '숏폼(Short-form)'이 **대세**입니다. 숏폼은 15초에서 최대 10분을 넘기지 않는 짧은 영상으로 된 **콘텐츠**를 말해요. 틱톡, 쇼츠, 릴스 등으로 불리는 세로 방향의 짧은 영상이 이에 해당하죠. 문제는 숏폼 영상이 홍수처럼 불어나다 보니 이에 **중독**되는 사람들도 늘어나고 있다는 점이에요.

　전문가에 따르면 사람들은 스트레스에서 벗어나기 위해 숏폼을 본다고 합니다. 하지만 숏폼은 시각적·청각적 **자극**이 심해 한 번 중독되면 벗어나기가 쉽지 않아요. 계속해서 보다 보면 더 자극적인 영상을 찾게 되는데, 이는 약물 중독만큼이나 위험해요. 의사 선생님들은 이런 현상을 '팝콘 브레인'이라고 해요. 디지털 기기의 강렬한 자극에 익숙해져 일상생활에 흥미를 잃고 팝콘이 터지는 듯한 큰 자극만 쫓게 되는 현상을 말하는 거죠. 나이가 어릴수록 팝콘 브레인 현상이 나타날 위험이 높다고 하니 더 조심해야 합니다.

　숏폼 콘텐츠에 중독되는 것을 막으려면 자신이 얼마나 많은 영상을 보고 있는지 살펴야 해요. 어플을 삭제하거나 숏폼 영상이 보이지 않도록 숨기는 것도 방법이에요. 최근에는 숏폼 끊기 **도전**을 하는 사람들도 있어요. 도전에 참여한 사람들 말에 의하면 숏폼을 끊고 나니 피로감이 줄어들고 집중력이 좋아졌대요. 바로 끊는 것은 어렵겠지만 조금씩 줄이려는 노력이 필요합니다.

- **대세**: 일이 진행되어 가는 결정적인 형세
- **콘텐츠**: 이미지나 영상 등 디지털 방식으로 제작한 각종 정보, 내용물
- **중독**: 어떤 사상이나 사물에 젖어 버려 정상적으로 사물을 판단할 수 없는 상태
- **자극**: 어떠한 작용을 주어 감각이나 마음에 반응이 일어나게 함
- **도전**: 정면으로 맞서 싸움을 걺

생각 씨앗

❶ 신문 기사를 소리 내어 읽었나요? ☐

❷ 기사의 제목을 적어 보세요.

_____

❸ 기사에서 많이 나온 주요 단어는 무엇인가요?

ㅅ	ㅍ
☐	☐	영상

생각 톡톡

❶ 숏폼 영상에 중독되면 어떤 일이 벌어질 수 있나요?

_____

_____

_____

❷ 숏폼 영상에 중독되는 것을 막으려면 어떻게 해야 할까요?

_____

_____

_____

생각 쑥쑥

슬릭백 영상 본 적 있어? 옆으로 미끄러지듯이 걷는 춤을 추는 건데 숏폼 영상을 보며 종일 따라 한 적이 있어. 왜 했는지 모르겠지만…….

내 친구는 숏폼에 중독된 것 같아. 휴대전화로 짧은 영상을 끊임없이 보는데 어느 순간 표정이 멍해지더라고. 걱정스러워.

솔직히 말하면 나도 숏폼 영상을 자주 봐. 재미있는 영상이 계속 나와서 멈출 수가 없거든. 내일부터 친구들과 숏폼 영상 끊기에 도전해 봐야겠어.

생각 열매

- 숏폼 영상을 본 경험과 숏폼 영상에 중독되지 않으려면 어떻게 해야 할지 적어 보세요.

어휘 쑥쑥

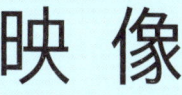
비칠 **영**   모양 **상**

영상 영사막이나 모니터 따위에 비추어진 상

예) 블랙박스 영상 덕분에 교통사고의 원인을 찾았다.

中 毒
가운데 **중**   독 **독**

중독 어떤 사상이나 사물에 젖어 버려 정상적으로 사물을 판단할 수 없는 상태

예) 탕후루에 중독된 아이들이 많다.

問 題
물을 **문**   제목 **제**

문제 해결하기 어렵거나 난처한 대상, 또는 그런 일

예) 그에게 개인적인 문제가 생겼다.

생각 정리

숏폼 □□ 에 □□ 되면
뇌 건강에 □□ 가 생길 수 있다.

사회
18

서울시, 세계 최초 심야 자율주행 버스 무료 운영
주행 및 탑승 방식 일반 버스와 다르지 않아

월   일

2023년 12월 4일 23시 30분, 세계 최초로 **심야 자율주행** 버스가 서울 도로를 달렸습니다. 운전기사 없이 깊은 밤에 운영되는 이 버스의 이름은 '심야 A21'이에요. 이 버스는 새벽에 합정역에서 동대문역에 이르는 9.8km를 순환해요.

버스는 일반 시내버스와 같은 크기로, **당분간** 무료로 운영하다가 2024년 중에 유료로 전환될 예정이라고 합니다. 탑승 방법은 기존 버스와 똑같아요. 운전기사는 없지만 **돌발 상황**에 대처하기 위해 운전 보조 요원이 기사 자리에 앉아 있지요. 차이점이라면 자율주행을 위한 장비들이 운전석 뒷자리와 전면 출입구 옆에 배치되어 있다는 거예요. 승객들이 볼 수 있는 안내 모니터에는 자율주행 여부와 버스가 달리는 속력, 현재 위치 등이 표시됩니다. 모든 좌석에는 안전상의 이유로 안전띠가 설치되어 있고요. 정거장마다 안전띠를 착용해 달라는 안내 방송이 나와요. 안전상의 이유로 당분간은 **입석** 금지라 자리가 부족할 경우 승차할 수 없습니다.

버스를 이용해 본 승객들은 사람이 운전하는 것만큼 자연스럽다는 반응이에요. 하지만 개선해야 할 부분도 있습니다. 차량이 없음에도 **급정거**하거나 일반 버스보다 속도가 느리다는 점이에요. 이런 부분을 개선하면 더 많은 사람들이 이용할 거예요. 이제 자율주행의 꿈이 현실로 다가오고 있습니다.

- **심야**: 깊은 밤
- **자율주행**: 운전자가 직접 운전하지 않고 차량 스스로 도로에서 달리게 하는 일
- **당분간**: 앞으로 얼마간. 또는 잠시 동안
- **돌발 상황**: 뜻밖의 일이 갑자기 일어난 상황
- **입석**: 자리가 없어서 서서 타거나 구경하는 자리
- **급정거**: 자동차나 기차 따위가 갑자기 섬

생각 씨앗

① 신문 기사를 소리 내어 읽었나요? ☐

② 기사의 제목을 적어 보세요.

③ 기사에서 많이 나온 주요 단어는 무엇인가요?

ㅅ	ㅇ	ㅈ	ㅇ	ㅈ	ㅎ

버스

생각 톡톡

① 심야 자율주행 버스는 서울에서 언제부터 운영되었나요?

☐☐☐☐ 년 ☐☐ 월 ☐ 일

② 심야 자율주행 버스란 무엇인가요?

③ 심야 자율주행 버스에 관한 설명으로 틀린 것은 무엇인가요? (   )

① 운전기사가 있다.
② 탑승 방법은 기존 버스와 똑같다.
③ 버스의 모든 좌석에는 안전띠가 설치돼 있다.
④ 입석이 금지되어 있다.

생각 쑥쑥

세계 최초로 서울에서 심야 자율주행 버스가 운영되다니 대단한 일이야. 나도 타 보고 싶어.

운전기사가 없다고 하니 조금 걱정스러워. 혹시나 교통사고가 나면 누구 책임일까? 그리고 자율주행 버스가 많아지면 버스 기사 아저씨는 일자리를 잃게 될까?

심야 자율주행 버스가 더 늘어나면 좋겠어. 시민들이 늦은 시간에도 편리하게 대중교통을 이용할 수 있게 말야.

생각 열매

- 심야 자율주행 버스를 타고 싶나요? 타고 싶다면 이유를 적어 보세요.

어휘 쑥쑥

深夜 깊을 심 · 밤 야
심야 깊은 밤
예) 심야에는 택시를 잡기가 어렵다.

自律走行 스스로 자 · 법칙 률(율) · 달릴 주 · 다닐 행
자율주행 운전자가 직접 운전하지 않고 차량 스스로 도로에서 달리게 하는 일
예) 완벽한 자율주행 자동차가 개발되었다.

世界 인간 세 · 지경 계
세계 지구상의 모든 나라
예) 세계 육상 대회가 개최되었다.

생각 정리

☐☐ ☐☐☐☐ 버스가
☐☐ 최초로 서울시에서 운영되었다.

과학 19

제임스 웹, 제작비 13조 원 최고의 우주 망원경
우주의 비밀 풀어줄 최고의 작품

월 일

제임스 웹 우주 망원경에 관한 관심이 세계적으로 높아지고 있습니다. 제임스 웹 우주 망원경은 적외선 **천문** 관측을 목적으로 하는 우주 망원경으로, 우주의 탄생과 **진화**와 관련된 연구를 하고 있어요. 허블을 잇는 **차세대** 우주 망원경이자 **현존**하는 최대 규모의 망원경이기도 하죠.

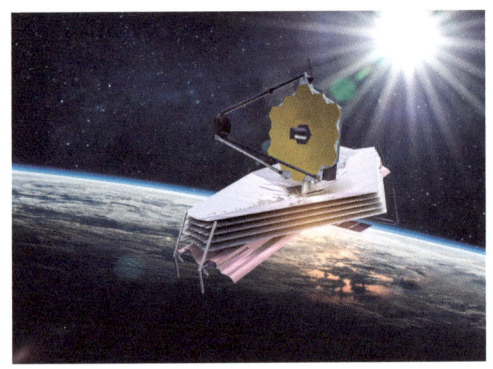

제임스 웹 우주 망원경은 2021년 12월 25일에 발사되었어요. 이름은 미국항공우주국(NASA)의 2대 국장인 제임스 에드인 웹(James Edwin Webb)의 이름에서 따왔어요. 현재는 지구에서 약 150만km 떨어진 곳에서 지구를 돌며 태양계와 근처 외계 행성, 은하, 블랙홀, 최초의 은하계 등을 살피고 있습니다. 엄청나게 먼 거리에서도 원격 조정이 된답니다.

제임스 웹 우주 망원경은 허블 우주 망원경보다 100배가량 성능이 뛰어나요. 인간 눈보다 1조 배나 높은 성능이라고 합니다. 제작 시간만 20년에 제작비가 무려 13조 원이 들어갔는데, 망원경에 6.5m 크기의 커다란 거울이 붙어 있어요. 모양은 마치 돛단배처럼 생겼고요.

2022년 제임스 웹 우주 망원경에서 나온 사진이 처음 공개된 날 전 세계 사람들이 환호했어요. 기대보다 높은 성능의 우주 사진에 모두가 감동한 것이죠. 제임스 웹 망원경 덕에 우주의 비밀이 조금씩 풀릴 것으로 기대돼요.

- **천문**: 우주와 천체의 온갖 현상과 그에 내재된 법칙성
- **진화**: 일이나 사물 따위가 점점 발달하여 감
- **차세대**: 지금 세대가 지난 다음 세대
- **현존**: 현재에 있음

생각 씨앗

❶ 신문 기사를 소리 내어 읽었나요? ☐

❷ 기사의 제목을 적어 보세요.

────────────────────────────

❸ 기사에서 많이 나온 주요 단어는 무엇인가요?

　　　　　　　　ㅈ　ㅇ　ㅅ　ㅇ
　　　　　　　☐ ☐ ☐ ☐ 우주 망원경

생각 톡톡

❶ 제임스 웹 우주 망원경은 언제 발사되었습니까?

　　　　　　20☐☐년 ☐☐월 ☐☐일

❷ 제임스 웹 우주 망원경을 개발하는 데 들어간 돈은 얼마입니까?

　　　　　　　　　　　　약 ☐☐조 원

❸ 다음 중 제임스 웹 우주 망원경에 관한 설명으로 옳은 것은 무엇인가요? (　　)

① 허블 우주 망원경은 제임스 웹 우주 망원경보다 성능이 뛰어나다.
② 지구에서 약 15만km 떨어진 곳에서 지구를 돌며 관측한다.
③ 제임스 웹 우주 망원경을 제작하는 데 10년 정도가 걸렸다.
④ 제임스 웹 우주 망원경은 돛단배처럼 생겼다.

생각 쑥쑥

제임스 웹 우주 망원경으로 찍은 사진을 인터넷에서 봤는데 정말 신기했어. 우주 탄생의 비밀이 밝혀질 것 같아서 기대돼.

지구에서 150km 떨어진 곳에서 원격 조정이 된다니 대단해.

제임스 웹 우주 망원경으로 지구와 비슷한 행성이나 외계인도 발견할 수 있지 않을까? 우주는 정말 신비로워.

생각 열매

• 만약 여러분이 제임스 웹 우주 망원경을 조정할 수 있다면 무엇을 하고 싶나요?

어휘 쑥쑥

| 宇 宙 | **우주** 모든 천체를 포함하는 공간 |
| 집 우   집 주 | 예) 우주의 끝은 어디일까? |

| 望 遠 鏡 | **망원경** 멀리 있는 물체 따위를 크고 정확하게 보도록 만든 장치 |
| 바랄 망 멀 원 거울 경 | 예) 밤하늘의 별을 망원경으로 관찰했다. |

| 關 心 | **관심** 어떤 것에 마음이 끌려 주의를 기울임 |
| 관계할 관 마음 심 | 예) 사람들이 환경 문제에 관심이 많다. |

생각 정리

제임스 웹 ☐☐☐☐☐ 에 관한 ☐☐ 이 세계적으로 높아지고 있다.

문화 20

K팝부터 스포츠까지 포토 카드 마케팅 열풍
최애 멤버 포카 얻으려고 물건 대량 구매

월   일

"엄마, 음료수 한 상자만 더 사주세요."

평소에 잘 마시지도 않는 음료수를 상자째 산 엄마들이 포카 때문에 울상을 짓고 있습니다. 식품 업체들이 잇따라 K팝 아이돌 그룹을 모델로 포카 **마케팅**을 펼치고 있기 때문이지요.

포카는 일명 포토 카드의 줄임말로, 연예인 같은 유명인의 사진을 명함 크기로 인쇄한 **굿즈**를 말합니다. 포카는 원래 서양에서 카드를 모으고 **교환**하는 문화에서 비롯되었어요. 하지만 K팝의 인기가 높아지면서 해외에 역으로 퍼지게 되었어요. 음반 판매를 높이려는 목적으로 아이돌 멤버의 포카를 음반에 **랜덤**으로 넣어 판매하기 때문이에요. 국내 팬들은 물론 해외 팬들까지 자신이 원하는 멤버의 포카를 얻으려고 음반을 대량으로 구매하다 보니 포카의 인기는 더욱 높아지고 있습니다.

이제는 음반을 넘어 식품과 스포츠 업계로까지 포카 마케팅이 확산됐어요. 문제는 포카 마케팅이 아이들에게 **과소비**를 부추긴다는 점이에요. 자신이 원하는 아이돌 포카를 갖고 싶어서 먹지도 않는 식품을 수십 개씩 사고 있습니다. 온라인 중고 마켓에 웃돈을 주고 포카를 거래하는 일도 많아지고 있지요. 팬들 사이에 포카를 사거나 교환하는 문화가 자리 잡아가고 있으니 앞으로도 기업들은 포카 마케팅을 더 많이 할 것으로 보입니다.

- **열풍**: 매우 세차게 일어나는 기운이나 기세를 비유적으로 이르는 말
- **최애**: 가장 사랑함
- **마케팅**: 소비자를 만족시키기 위해 상품 또는 서비스를 소비자에게 제공하기 위한 활동
- **굿즈(goods)**: 연예인, 만화, 영화 등 다양한 소재로 제작되는 관련 상품
- **교환**: 서로 바꿈
- **랜덤(random)**: 무작위의
- **과소비**: 돈이나 물품 따위를 지나치게 많이 써서 없애는 일

생각 씨앗

❶ 신문 기사를 소리 내어 읽었나요? ☐

❷ 기사의 제목을 적어 보세요.

----

❸ 기사에서 많이 나온 주요 단어는 무엇인가요?

포	카

생각 톡톡

❶ 포토 카드의 인기는 어떻게 높아졌나요?

----

❷ 포토 카드 마케팅이 비판 받는 이유는 무엇인가요?

생각 쑥쑥

친구가 최애 연예인 포카를 들고 행복한 표정을 짓는 걸 봤어. 포카를 좀 모으면 어때? 넓은 마음으로 바라봐주면 안 될까?

내 주변에도 포카를 모으는 친구들이 많아. 먹고 싶지 않은데 치킨이나 피자를 시켜 먹거나 음료수를 사 먹는 일도 종종 있어서 문제라고 생각해.

회사에서 포카를 이용한 마케팅은 하지 않았으면 좋겠어. 포카만 따로 판매할 수도 있는데 상품에 끼워서 파니까 불필요한 상품을 많이 사게 되거든.

생각 열매

- 여러분은 포토 카드 마케팅에 관해 어떻게 생각하나요?

어휘 쑥쑥

大量 클 대 / 헤아릴 량(양)
대량 아주 많은 분량이나 수량
예) 상품을 대량으로 생산하다.

購買 살 구 / 팔 매
구매 물건 따위를 사들임
예) 영화표를 구매했다.

過消費 지날 과 / 사라질 소 / 쓸 비
과소비 돈을 지나치게 많이 써서 없애는 일
예) 경제를 살리려면 과소비를 줄여야 한다.

생각 정리

포토 카드 마케팅으로 ☐☐☐☐하는 ☐☐☐가 늘었다.

생각 놀이터

제임스 웹 우주 망원경 K2-18b 관측

제임스 웹 우주 망원경을 이용해 지구에서 약 120광년 떨어진 외계 행성 K2-18b의 대기를 관측했습니다. 그 결과 메탄과 이산화탄소가 검출되었습니다. 이 행성은 바다로 뒤덮여 있을 가능성이 있다고 합니다. 외계 행성에 생명체가 있을 가능성이 발견된 것이죠. 하지만 대기와 해양 표면이 얇으면 바다가 너무 뜨거워 생명체가 살 수 없을지도 몰라요. 이번 발견으로 물로 덮인 행성에 대한 더 많은 정보를 얻을 수 있을 것으로 기대하고 있습니다.

〈외계 행성 K2-18b(오른쪽 파란색 천체) 상상도〉
미국 항공우주국(NASA) 제공

- 이 글을 읽고 외계 생명체에 대해 생각해 보세요. 우주에 외계 생명체가 있다고 생각하나요?

NEWS 2호

5주차

5주차 주간 학습 계획표

회차	영역	신문 기사	학습 계획일
21	경제	국가 경제 위기에 빠뜨리는 디플레이션	월 일
22	환경	산천어 축제, 해야 하나? 말아야 하나?	월 일
23	사회	좋은 물 사먹으려다 미세 플라스틱?	월 일
24	환경	일본은 어쩌다 세계 최대 지진 피해국이 되었나?	월 일
25	사회	한마디 실수가 바꾼 독일의 역사	월 일

경제 21

국가 경제 위기에 빠뜨리는 디플레이션
지금 중국은 디플레이션 경보

월   일

물가가 너무 올라 물건 가격이나 서비스를 이용하는 **비용**이 높은 상태를 인플레이션(inflation)이라고 합니다. 이와 달리 디플레이션(deflation)은 물건 가격이 지속적으로 내려 **경기 침체**를 맞는 것을 말해요. 물건 값이 싸지면 좋을 것 같죠? 하지만 디플레이션은 인플레이션보다 훨씬 위험해요.

2023년, 중국은 GDP 대비 **부채** 비율이 300%에 육박할 정도로 위태로운 상황을 맞이했습니다. 이렇게 된 데는 국가 경제성장률의 급격한 하락이라는 이유가 가장 컸지요. 한 걸음 더 들어가 보면 국가경제성장률의 급격한 하락이 관광객 유치를 위해 무리해서 지은 시설과 대규모 아파트 건설 때문이라는 걸 알 수 있어요. 시설과 아파트를 다 지어놨지만 막상 **입주**하겠다는 사람은 턱없이 부족했던 것이죠. 아파트를 사느라 무리하게 돈을 빌린 사람들은 돈을 갚기 위해 생활비를 줄여야 했어요. 생활비를 줄이다 보니 꼭 필요한 물건이 아니면 살 여유가 없어졌죠.

이렇게 사람들이 물건을 사지 않으면 어떤 일이 벌어질까요? 물건이 팔리지 않아 기업의 이윤이 줄어들어요. 돈을 벌지 못하니 기업은 직원을 해고하고, 직장을 잃은 사람들은 물건을 살 수 없죠. 결국 기업들이 문을 닫아야 하는 위기에 처하는데, 이처럼 악순환이 이어지는 디플레이션이 지속되면 수많은 사람들이 직장을 잃게 되어 국가 경제가 위험해져요.

싫든 좋든 중국 경제의 **위기**는 우리나라에도 영향을 미칠 수 있어요. 우리나라도 디플레이션에 빠지지 않도록 철저하게 대책을 마련해야 합니다.

- **물가**: 상품과 서비스의 가격을 평균한 수치, 물건의 가격
- **비용**: 물건을 사거나 어떤 일을 하는 데 드는 돈
- **경기 침체**: 물건을 사고파는 일이 잘 이루어지지 않아 시장에 돈이 잘 돌지 않는 현상
- **부채**: 남에게 빚을 짐
- **입주**: 새로 마련한 집이나 땅에 들어가 삶
- **위기**: 어떤 일이 갑자기 나빠진 상황

생각 씨앗

❶ 신문 기사를 소리 내어 읽었나요? ☐

❷ 기사의 제목을 적어 보세요.

----

❸ 기사에서 많이 나온 주요 단어는 무엇인가요?

ㄷ	ㅍ	ㄹ	ㅇ	ㅅ

생각 톡톡

❶ 물가가 너무 올라 물건 가격이나 서비스를 이용하는 비용이 높은 상태를 무엇이라고 하나요?

ㅇ	ㅍ	ㄹ	ㅇ	ㅅ

❷ 중국이 디플레이션을 맞은 이유로 옳지 <u>않은</u> 것은 무엇인가요? (   )

① 관광객 유치를 위해 무리해서 시설을 지었다.
② 물가가 너무 올라 사람들이 물건을 살 수 없게 되었다.
③ 무리하게 돈을 빌린 사람들이 돈을 갚느라 생활비를 줄였다.
④ 대규모 아파트를 건설했는데 입주하려는 사람이 턱없이 부족했다.

생각 쑥쑥

물건 가격이 내리면 마냥 좋을 것 같은데, 중국을 보니 디플레이션 때문에 국가 경제가 위험할 정도로 문제가 큰가봐.

국가 경제가 어떻게 될지 아무도 모르는 상황에서 무턱대고 대규모 시설과 아파트를 지은 게 화근이 된 것 같아.

역시 모든 일은 절대로 무리해서는 안 돼. 돌다리도 두드려 보고 건너라는 말처럼 대규모 아파트나 시설을 지을 때는 더욱 철저하게 조사하고 준비해야 해.

생각 열매

- 부모님께 용돈을 받은 적이 있나요? 만약 10만 원의 용돈을 받는다면 어떻게 사용할지 적어 보세요. 다 적은 뒤에 무리한 계획은 아닌지 생각해 보세요.

어휘 쑥쑥

物 價 물건 **물** 값 **가**
물가 물건의 가격, 상품과 서비스의 가격을 평균한 수치
예 요즘 물가가 너무 높다.

景 氣 沈 滯 볕 **경** 기운 **기** 잠길 **침** 막힐 **체**
경기침체 시장에 돈이 잘 돌지 않는 현상
예 경기 침체로 일할 직장이 사라지고 있다.

危 機 위태할 **위** 베틀 **기**
위기 어떤 일이 갑자기 나빠진 상황
예 지난해 우리나라는 홍수로 위기를 겪었다.

생각 정리

☐☐ 가 내리면서 ☐☐☐☐ 를 맞는 디플레이션은 국가에 큰 ☐☐ 를 가져온다.

> 환경
> 22

산천어 축제, 해야 하나? 말아야 하나?
지역 대표 축제냐, 동물 학대냐

월　　　일

 2024년 1월 6일, 산천어 축제를 즐기기 위해 10만 명이 넘는 관광객이 강원도 화천군을 찾았습니다. 화천 산천어 축제는 수많은 지역 축제 가운데서도 가장 인기 있고 유명한 축제 가운데 하나로, 해외에서도 많은 관광객들이 찾고 있는 행사죠.

 당일 축제장을 찾은 사람들은 얼음낚시를 비롯하여 실내 얼음 조각 광장, 눈썰매, 아이스 봅슬레이, 얼음 썰매, 얼음 축구 등 각 부스를 다니며 프로그램에 참여했어요. 특히 맨손으로 산천어를 잡는 행사에는 내국인은 물론 다양한 국적의 외국인들이 참여해 축제의 재미를 더했지요.

 한편 같은 날 39개 시민 단체는 화천군청에서 기자 **회견**을 열고 산천어 축제의 동물 학대를 규탄했어요. 겨우 23일간의 축제를 위해 전국 양식장에서 60만 마리의 산천어가 인공 번식으로 태어난다는 지적이었죠. 이 과정에서 산천어는 **밀집 사육**, 축제 전 굶김, 운반 시 과도한 스트레스로 축제 전부터 고통 받는다고 밝혔습니다. 맨손 잡기와 얼음낚시 등의 오락 프로그램에 산천어에 대한 **인도적** 대우는 찾아볼 수 없다는 게 이들의 주장이었죠. 이렇듯 화천 산천어 축제는 우리나라 대표 축제인 만큼 계속 **유지**해야 한다는 화천군의 입장과 산천어의 **동물권**을 지켜줘야 한다는 시민 단체의 **입장**이 팽팽하게 **대립**하고 있습니다.

- **회견**: 서로 만나서 문제에 대한 의사나 견해를 밝히는 것
- **밀집**: 빈틈없이 빽빽하게 모임
- **사육**: 짐승을 먹여 기름
- **인도적**: 사람으로서 지켜야 할 도리나 도덕에 바탕을 둔
- **유지**: 어떤 상태를 계속 이어 감
- **동물권**: 동물에게 주어지는 기본적인 권리
- **입장**: 어떤 것을 바라보는 기본적인 생각
- **대립**: 의견이 서로 맞서거나 반대됨

생각 씨앗

❶ 신문 기사를 소리 내어 읽었나요? ☐

❷ 기사의 제목을 적어 보세요.

----

❸ 기사에서 많이 나온 주요 단어는 무엇인가요?

ㅅ ㅊ ㅇ
☐ ☐ ☐

생각 톡톡

❶ 산천어 축제가 열리는 곳은 어디인가요?

ㄱ ㅇ ㄷ ㅎ ㅊ ㄱ
☐ ☐ ☐ ☐ ☐ ☐

❷ 산천어 축제가 열리는 날 시민 단체는 기자 회견을 열고 산천어 축제의 무엇을 규탄했나요?

ㄷ ㅁ ㅎ ㄷ
☐ ☐ ☐ ☐

❸ 산천어 축제에 대한 설명으로 옳지 <u>않은</u> 것은 무엇인가요? (   )

① 우리나라 국민 모두가 좋아하는 축제다.
② 산천어 맨손 잡기에는 외국인들도 참여했다.
③ 축제를 위해 양식장에서 60만 마리의 산천어가 인공 번식된다.
④ 화천군의 입장과 시민 단체의 입장이 서로 다르다.

생각 쑥쑥

산천어 축제는 우리나라를 대표하는 축제야. 더욱 권장하고 홍보해서 우리나라를 널리 알리는 데 힘써야 해.

우리나라를 알리는 것도 중요하지만 산천어의 동물권도 생각해야 해. 사람들에게 즐거움을 주기 위해 산천어가 겪는 고통은 이루 말할 수 없어.

동물이 사람과 대등하다고 생각하는 사람은 많지 않을 거야. 하지만 동물의 입장을 고려하는 건 필요해. 닭이나 돼지, 소 같은 가축들도 깨끗한 축사에서 좋은 사료를 먹고 자랄 수 있도록 배려하는 동물 복지 농법도 늘고 있으니까.

생각 열매

- 산천어 축제는 지금처럼 계속 되어야 할까요? 없애야 할까요? 여러분의 생각을 이유와 함께 적어 보세요.

어휘 쑥쑥

維持 밧줄 **유** / 가질 **지**
유지
어떤 상태를 계속 이어 감

예) 생존 수영 수업을 계속 유지하기로 했다.

立場 설 **립(입)** / 마당 **장**
입장
어떤 것을 바라보는 기본적인 생각

예) 나는 일기 쓰기에 대한 입장을 밝혔다.

對立 대할 **대** / 설 **립(입)**
대립
의견이 서로 맞서거나 반대됨

예) 가족 여행에 대한 의견이 대립 중이다.

생각 정리

산천어 축제를 □□ 하자는 화천군의 □□ 과 동물권을 지키자는 시민 단체의 입장이 □□ 하고 있다.

사회 23

좋은 물 사먹으려다 미세 플라스틱?

생수 1리터에서 미세 플라스틱 24만 개 검출

월   일

　2024년 1월, 미국 컬럼비아대학 연구진은 **시중**에 판매되는 생수 1리터에서 24만 개의 미세 플라스틱이 검출되었다고 밝혔습니다. 미세 플라스틱은 크기 5mm 이하의 작은 플라스틱으로, 몸에서 **배출**되지 못할 경우 **염증**을 일으키거나 **면역** 이상, 호르몬 **장애** 등 건강에 다양한 문제를 만들 수 있습니다.

　플라스틱병에 든 생수가 수돗물보다 좋을 거라 생각하고 사먹는 사람도 있지만 사람들이 생수를 이용하는 가장 큰 이유는 대부분 편리함 때문입니다. 실제로 운동을 하거나 장거리 여행을 갈 때 생수는 필수품이 된 지 오래입니다. 이런 탓에 플라스틱 생수병의 생산량은 점점 늘고 있습니다. 이 말은 곧 사람들이 미세 플라스틱을 점점 더 많이 섭취하고 있다는 뜻이죠.

　그렇다면 미세 플라스틱이 든 생수를 마시지 않으려면 어떻게 해야 할까요? 유리병이나 스테인리스 텀블러를 들고 다녀야겠죠. 하지만 유리병은 깨질 위험이 높고, 스테인리스 텀블러는 무겁고 부피가 커서 불편합니다. 편리함을 내세운 플라스틱 생수병에 맞서기 힘들죠.

　중국 지난대학교 에니쩡 박사의 연구팀은 미세 플라스틱이 들어 있는 물을 끓일 경우 탄산칼슘이 미세 플라스틱 입자를 둘러싸면서 흰색 결정을 만들어낸다는 사실을 발견했어요. 이 하얀 결정을 필터로 거르면 미세 플라스틱을 90% 줄일 수 있다고 밝혔죠. 하지만 생수를 끓이고 걸러서 거른 뒤 다시 넣어 이용할 사람이 얼마나 될까요?

- **시중**: 사람들이 많이 오가며 일상적으로 생활하는 곳
- **배출**: 불필요한 물질을 안에서 밖으로 내보냄
- **염증**: 생체 조직에 손상을 입었을 때 일어나는 방어 반응
- **면역**: 저항력을 가지는 일
- **장애**: 본래의 기능을 제대로 하지 못하는 상태

생각 씨앗

❶ 신문 기사를 소리 내어 읽었나요? ☐

❷ 기사의 제목을 적어 보세요.

----

❸ 기사에서 많이 나온 주요 단어는 무엇인가요?

ㅁ	ㅅ	ㅍ	ㄹ	ㅅ	ㅌ

생각 톡톡

❶ 크기가 얼마 이하인 플라스틱을 미세 플라스틱이라고 하나요?

☐ mm 이하

❷ 미세 플라스틱에 관한 설명으로 옳지 <u>않은</u> 것은 무엇인가요? (　　)

① 생수 1리터에서 24만 개의 미세 플라스틱이 검출되었다.
② 몸속에서 배출되지 못할 경우 염증을 일으킨다.
③ 면역 이상이나 호르몬 장애의 원인이 되기도 한다.
④ 미세 플라스틱이 들어 있는 물을 얼리면 하얀 결정이 만들어진다.

❸ 대부분의 사람들이 플라스틱 생수병을 이용하는 까닭은 무엇인가요?

ㅍ	ㄹ	ㅎ

생각 쑥쑥

생수 1리터에 미세 플라스틱이 24만 개나 들어 있다니 놀라워. 앞으로는 플라스틱병에 든 물을 마시지 않을 거야.

혹시 운동하고 플라스틱병에 든 음료수를 마시지 않았니? 플라스틱병에 든 물이나 음료수도 마찬가지야. 나처럼 스테인리스 텀블러를 가지고 다녀.

텀블러를 가지고 다니는 게 불편하긴 해도 안전해서 좋아. 그런데 더 좋은 대안이 있으면 좋겠어. 생수를 안전하게 마시는 편리한 방법 말이야.

생각 열매

- 플라스틱병, 유리병, 텀블러 중 평소 여러분이 자주 이용하는 용기에 동그라미치고, 선택한 이유를 적어 보세요.

자주 이용하는 용기	플라스틱병	유리병	플라스틱 텀블러	스테인리스 텀블러
이유				

어휘 쑥쑥

排出 배출 — 불필요한 물질을 안에서 밖으로 내보냄
밀칠 배 / 날 출

예) 환경을 지키려면 유해 가스 배출을 줄여야 한다.

炎症 염증 — 생체 조직에 손상을 입었을 때 일어나는 방어 반응
불탈 염 / 증세 증

예) 위에 염증이 생겨 병원에 갔다.

障碍 장애 — 본래의 기능을 제대로 하지 못하는 상태
막을 장 / 거리낄 애

예) 찬밥은 맛도 떨어지고 소화에 장애를 일으킨다.

생각 정리

미세 플라스틱이 몸에서 ☐☐ 되지 않으면 ☐☐ 을 일으키거나 호르몬 ☐☐ 를 만든다.

환경

24 일본은 어쩌다 세계 최대 지진 피해국이 되었나?

지진 발생은 세계 4위, 그러나 피해액은 1위의 4배

 월   일

미국 국립해양대기청(NOAA)에 따르면 1990년대 이후 인명 피해 등을 수반한 **강진**이 가장 많이 발생한 국가는 중국입니다. 중국은 1990년대 이후 발생한 강진이 186건으로 1위, 일본은 96건으로 4위입니다. 하지만 지진으로 가장 많은 경제적 피해를 입은 나라는 중국이 아닌 일본이라고 하는데요. NOAA에 따르면 조사 기간 동안 일본이 지진으로 입은 피해액은 무려 4,099억 달러(약 540조 원)로, 2위인 중국 1,056억 달러(약 140조 원)의 4배에 가깝습니다.

그렇다면 많은 사람들이 일본을 지진이 가장 많은 나라로 인식하고 있는 이유는 무엇일까요? 2011년 3월 11일에 발생한 동일본 대지진의 영향이 크기 때문일 거예요. 규모 9.0으로 일본 근대 지진 **관측** 사상 최대 기록을 남긴 동일본 대지진은 엄청난 **쓰나미**를 **동반**했는데요. 당시 해수면 위로 솟아오른 **해일**의 높이가 40미터를 넘었고, 바닷물이 센다이시 **내륙** 10km까지 밀려들었다고 합니다. 이로 인해 15,897명의 사망자와 2,534명의 실종자, 228,863명의 **이재민**이 발생했지요.

이 지진으로 후쿠시마 **원전**이 폭발하는 사고가 발생했고, 그로 인해 10년이 지난 지금도 전 세계 바다가 방사능의 위협을 받고 있습니다. 오염수 **방류**를 두고 국가 간 논쟁이 벌어졌지만 결국 2023년 8월 24일부터 후쿠시마 원전 오염수가 태평양으로 흘러나가게 되었지요.

- **강진**: 강한 지진
- **관측**: 자연 현상을 관찰하여 그 움직임을 측정함
- **쓰나미**: 지진이나 화산 폭발로 발생하는 해일
- **동반**: 함께 짝지어 생김
- **해일**: 바닷물이 갑자기 크게 일어나 육지로 넘쳐 들어옴
- **내륙**: 바다에서 멀리 떨어져 있는 육지
- **이재민**: 재해를 입은 사람
- **원전**: 핵반응 에너지를 이용하여 전력을 일으키는 시설
- **방류**: 가두어 놓은 물이나 액체 따위를 흘려 내보냄

생각 씨앗

❶ 신문 기사를 소리 내어 읽었나요? ☐

❷ 기사의 제목을 적어 보세요.

――――――――――――――――――――――――――――

❸ 기사에서 많이 나온 주요 단어는 무엇인가요?

ㅈ ㅈ
☐ ☐

생각 톡톡

❶ 세계에서 지진으로 입은 피해 금액이 가장 큰 나라는 어디인가요?

☐☐

❷ 동일본 대지진으로 인해 폭발한 원전의 이름은 무엇인가요?

☐☐☐☐ 원전

❸ 동일본 대지진에 대한 설명으로 옳지 <u>않은</u> 것은 무엇인가요? (　　)

① 2011년 3월 11일에 일어났다.
② 규모 9.0의 강진으로 일본 근대 지진 관측 사상 최대 기록이다.
③ 당시 쓰나미로 높이 40미터의 해일이 일었다.
④ 사망자와 실종자 수가 이재민 수보다 더 많았다.

생각 쑥쑥

일본이 강진 순위 4위인 건 좀 의외지만 지진이 많은 나라임에는 틀림없어. 강진으로 인한 피해액이 세계에서 가장 큰 까닭은 2011년 동일본 지진의 영향 때문일 거야.

후쿠시마 원전 오염수를 태평양으로 흘려보내기로 한 결정은 잘못되었어. 이로 인해 우리나라 어민들의 피해도 엄청나거든. 난 다시 반론을 제기해야 한다고 생각해.

이미 결정한 일을 되돌리는 건 쉬운 일이 아니야. 게다가 태평양은 지구에서 가장 넓은 바다야. 원전 오염수가 흘러가게 되면 희석되어 약해지지 않을까? 물론 더 좋은 대책이 있다면 좋겠지만 말이야.

생각 열매

- 후쿠시마 원전 오염수를 태평양으로 흘려보내는 것에 대한 여러분의 생각을 자유롭게 적어 보세요.

어휘 쑥쑥

觀 測 볼 관 / 잴 측
관측 자연 현상을 관찰하여 그 움직임을 측정함
예) 갈릴레오는 망원경으로 천체를 관측했다.

強 震 강할 강 / 벼락 진
강진 강한 지진
예) 강진으로 건물이 무너졌다.

同 伴 한 가지 동 / 짝 반
동반 함께 짝지어 생김
예) 집중 호우는 강한 바람을 동반한다.

생각 정리

일본은 ☐☐ 사상 최고의 ☐☐ 과 쓰나미를 ☐☐ 한 동일본 대지진으로 세계 최대 지진 피해국이 되었다.

사회

25

한마디 실수가 바꾼 독일의 역사
오보로 무너진 베를린 장벽

　독일 베를린 **장벽**이 무너지게 된 계기의 중심에는 실수와 **오보**가 있습니다. 당시 동독 사람들은 **언론**의 자유와 여행의 자유를 외쳤어요. 이에 동독 당국은 **시위**를 진정시키기 위해 여행 자유화를 먼저 선포하기로 했죠.

　1989년 11월 9일, 동독 공산당 **대변인** 귄터 샤보브스키(Günter Schabowski)는 생방송 기자 회견에서 "독일 국민 누구나 자유롭게 **국경**을 오갈 수 있도록 하겠다."라고 말했어요. 이 말에 놀란 각국 기자들은 질문을 쏟아냈지요. 휴가를 다녀온 지 얼마 되지 않아 상황을 정확하게 알지 못했던 샤보브스키는 이탈리아 기자가 서툰 독일어로 "여행 자유화를 언제부터 시작하느냐?"는 질문을 "기자 회견을 언제 시작하느냐?"로 잘못 알아듣고 "지금 하고 있다."라고 말했어요.

　이탈리아 기자는 본국에 황급히 전화를 걸어 "베를린 장벽이 무너졌다."라고 알렸고, 이탈리아 신문은 이 소식을 즉시 **특보**로 전했어요. 당시에는 SNS가 발달하지 않았던 터라 기자 회견장에서 기자가 전한 말은 곧 진실로 통했어요. 이렇게 오보가 진실이 되어 버린 거죠.

　그날 밤, 서독 방송도 기자 회견 내용을 소리 높여 전했어요. 뉴스를 들은 서독과 동독 국민들은 베를린 장벽으로 몰려들었고, 곧 베를린 장벽을 부수기 시작했어요. 그날 자정, 베를린 장벽 일부가 무너지자 서독과 동독 당국자들도 11월 12일 크레인을 동원해 **공식적**으로 베를린 장벽을 부수었습니다.

- **장벽**: 가리어 막은 벽
- **오보**: 사실이나 사건을 잘못 알림
- **언론**: 신문, 방송 등을 통하여 사실을 알리거나 여론을 형성하는 활동
- **시위**: 사람들이 무리 지어 공개적인 장소에서 자신들의 주장을 폄
- **대변인**: 대표하여 의견이나 입장을 밝혀 말하는 사람
- **국경**: 나라와 나라 사이의 경계
- **특보**: 새로운 소식을 특별하게 알림
- **공식적**: 공적으로 인정된 형식이나 내용을 가진

생각 씨앗

❶ 신문 기사를 소리 내어 읽었나요? ☐

❷ 기사의 제목을 적어 보세요.

....

❸ 기사에서 많이 나온 주요 단어는 무엇인가요?

ㅂ	ㄹ	ㄹ	ㅈ	ㅂ

생각 톡톡

❶ ☐☐☐☐년 베를린 장벽이 무너지면서 ☐☐과 ☐☐이 통일되었다.

❷ 샤보브스키가 한 말을 완성하세요.

"독일 국민 누구나 ☐☐☐☐☐을 오갈 수 있도록 하겠다."

❸ 1989년 당시 베를린 장벽이 무너졌다는 소식이 오보라는 걸 확인하기 어려웠던 까닭은 무엇인가요? (   )

① 이탈리아 기자가 진짜처럼 말해서
② 동독 대변인이 직접 말해서
③ 요즘처럼 SNS가 발달하지 않아서
④ 독일과 이탈리아가 서로 말이 통하지 않아서

생각 쑥쑥

독일의 통일 과정이 믿기지 않아. 어떻게 오보로 인해 베를린 장벽이 무너지면서 통일이 될 수 있었지?

오보 때문만은 아닐 거야. 동독과 서독 국민들 대부분이 통일을 간절히 바란 게 아닐까? 아무튼 샤보브스키의 실수와 이탈리아 기자의 오보로 독일이 보다 빠르게 통일된 일은 정말 놀라워.

통일 초기에 독일은 경제적으로 많이 어려웠대. 하지만 지금 독일은 세계에서 손꼽히는 경제 대국이야.

생각 열매

- 우리나라도 과거 독일처럼 남한과 북한으로 분단되어 있어요. 만일 우리나라가 통일된다면 어떤 일이 생길지 상상하여 적어 보세요.

어휘 쑥쑥

障 壁
막을 장 / 벽 벽

장벽 가리어 막은 벽

예) 그 나라는 국경을 따라 장벽을 쌓았다.

代 辯 人
대신 대 / 말 잘할 변 / 사람 인

대변인 대표하여 의견이나 입장을 밝혀 말하는 사람

예) 정당 대변인이 모인 사람들을 향해 말했다.

誤 報
그릇할 오 / 알릴 보

오보 어떤 사실이나 사건을 잘못 알림

예) 때론 오보가 좋은 일을 만드는 경우도 있다.

생각 정리

베를린 ☐☐ 은 ☐☐☐ 의 실수와 언론의 ☐☐ 로 인해 무너졌다.

생각 놀이터

- 오랫동안 우리나라는 지진 안전지대로 생각되어 왔어요. 하지만 2016년 9월 12일 오후 7시 44분, 오후 8시 23분 경주에서 연이어 발생한 규모 5.1, 5.8의 강진으로 지진에 대한 국민들의 경각심이 커졌지요.
지진 발생 시 대처 요령에 대해 알아보고 이를 숙지하여 지진으로 인한 피해를 줄일 수 있도록 해요.

1	집 안에서의 안전 확보하기	• 탁자 아래 등 집 안에서 몸을 피할 공간을 미리 알아둡니다. • 깨진 유리에 다치지 않도록 두꺼운 실내화를 준비해 둡니다.
2	떨어지기 쉬운 물건 고정하기	• 가구나 가전제품이 흔들리지 않도록 고정해 둡니다. • 그릇장 안의 물건들이 쏟아지지 않도록 문을 고정해 둡니다
3	집 안전하게 관리하기	• 가스 및 전기 점검을 철저히 합니다. • 건물에 금 간 곳이 있는지 파악하고, 전문가에게 문의하여 보수합니다.
4	가족회의 통해 위급 상황 대비하기	• 집 주변에 대피할 수 있는 넓은 장소를 알아둡니다. • 비상 시 가족과 만날 곳과 연락할 방법을 정해 둡니다.
5	비상 용품 준비해 두기	• 비상 용품을 준비하고 보관 장소와 사용법을 익혀 둡니다. • 지진 발생 시 화재가 날 수 있으니 소화기를 준비해 두고 사용법을 익혀 둡니다.

• 출처: 국민재난안전포털

지진 발생 시 우리 가족이 만날 장소	

NEWS 2호

6주차

6주차 주간 학습 계획표

회차	영역	신문 기사	학습 계획일
26	문화	짜게 먹는 습관, 오래되면 우리 몸 곳곳 아프게 해	월 일
27	환경	환경 보호하는 플로깅과 플로빙	월 일
28	사회	전기 자동차를 넘어 전기 비행기 시대로	월 일
29	환경	태평양 한가운데 커다란 쓰레기 섬이 둥둥	월 일
30	경제	AI와 인간의 일자리 전쟁	월 일

문화

26 짜게 먹는 습관, 오래되면 우리 몸 곳곳 아프게 해
신장 건강 지키고 싶다면 이렇게 해요

월   일

　많은 사람들이 평소 음식을 짜게 먹으면 건강에 좋지 않다고 알고 있습니다. 하지만 어디가 어떻게 나쁜지 구체적으로 알고 있는 사람은 많지 않아요. 이런 궁금증에 대해 미국 툴레인대 루 치(Lu Qi) 교수팀이 짜게 먹는 습관이 신장에 미치는 영향에 관한 연구를 진행했어요. 그리고 2023년 12월 28일, 미국의학협회(AMA) 학술지에 465,288명을 대상으로 연구한 결과를 발표했는데요. 식사할 때 소금을 자주 넣을수록 만성신장질환(CKD) 위험이 커진다는 결과였습니다.

　자기 **주먹**만 한 크기를 가진 신장은 우리 몸 등 쪽에 위치해 있어요. **노폐물**을 걸러주고 **혈압**을 조절하며 뼈를 튼튼하게 하는 역할을 하는 장기이지요. 그래서 신장에 문제가 생기면 몸속에 노폐물이 쌓이고, 혈압 조절도 어려워져요. 이처럼 신장 기능이 시간이 지남에 따라 **점진적**으로 **손실**되는 진행성 **질환**을 **만성**신장질환(CKD)이라고 해요.

　만성신장질환에 걸리면 평소보다 더 피곤하고, 집중이 잘 안 되며, 피부가 건조해져요. **증세**가 심해지면 밤에 잠을 이루지 못하거나 근육에 경련이 일어나고, 발목이 붓기도 하죠.

　루 치 교수팀의 발표에서 알 수 있듯이 만성신장질환을 예방하려면 짜게 먹는 습관을 바꾸거나 버려야 해요. 평소 식사할 때 소금을 더 넣어 먹는 습관을 가지고 있다면 오늘부터 바꿔보는 건 어떨까요?

- **노폐물**: 몸에서 만들어지는 불필요한 찌꺼기
- **혈압**: 심장에서 혈액을 밀어낼 때 혈관 안에 생기는 압력
- **점진적**: 점차 조금씩 나아가는
- **손실**: 감소하거나 잃어버려 입은 손해
- **질환**: 몸에 생기는 온갖 병
- **만성**: 오랜 시간 지속되어 익숙해진 상태
- **증세**: 병을 앓을 때의 형세

생각 씨앗

❶ 신문 기사를 소리 내어 읽었나요? ☐

❷ 기사의 제목을 적어 보세요.

----

❸ 기사에서 많이 나온 주요 단어는 무엇인가요?

ㅅ ㅈ
☐ ☐

생각 톡톡

❶ 미국 툴레인대 루 치 교수팀은 무엇에 대해 연구하였나요?

☐☐ 먹는 습관이 ☐☐에 미치는 ☐☐

❷ 신장에 대한 설명으로 옳지 않은 것은 무엇인가요? (   )

① 자기 주먹만 한 크기로 우리 몸의 등 쪽에 위치한다.
② 노폐물을 걸러주고 혈압을 조절하는 역할을 한다.
③ 신장에 문제가 생기면 노폐물로 인해 혈압 조절이 어려워진다.
④ 신장 기능이 급격하게 손실되는 질환을 만성신장질환이라고 한다.

생각 쑥쑥

음식은 짭짤해야 맛있지. 난 싱거운 음식은 맛없어서 못 먹겠어. 특히 곰탕에는 소금을 팍팍 넣어 먹어야 맛있지.

그렇게 짜게 먹는 건 건강에 좋지 않아. 미국을 비롯한 여러 나라에서 연구했는데 음식을 먹을 때 소금을 더 넣어 먹으면 신장에 좋지 않대. 난 맛이 없어도 싱겁게 먹을래.

무조건 짜게 먹거나 싱겁게 먹는 것보다 자기가 먹는 음식에 들어 있는 소금의 양을 알아보는 게 좋아. 건강을 해치지 않는 범위 내에서 적당히 먹으면 괜찮을 거야.

생각 열매

- 여러분은 평소 짭짤한 음식과 싱거운 음식 중 어느 것을 주로 먹나요? 여러분의 식습관에 대해 생각해 보고 고칠 점이 있다면 적어 보세요.

어휘 쑥쑥

損失 (덜 손, 잃을 실)
손실 감소하거나 잃어버려 입은 손해
예) 추수철에 홍수가 나 농가의 손실이 크다.

慢性 (게으를 만, 성품 성)
만성 오랜 시간 지속되어 익숙해진 상태
예) 만성 수면 부족을 겪고 있다.

疾患 (병 질, 근심 환)
질환 몸에 생기는 온갖 병
예) 잇몸 질환이 있는 사람은 양치질에 신경 써야 한다.

생각 정리

습관적으로 짜게 먹으면 신장 기능이 ☐☐ 되어 ☐☐ 신장 ☐☐ 에 걸릴 수 있다.

환경 27

환경 보호하는 플로깅과 플로빙

바다를 지키는 다이버, 플로버

플로깅(Plogging)은 거리나 자연 속을 걷거나 달리며 쓰레기를 줍는 활동을 말합니다. 건강도 챙기고 환경도 보호할 수 있는 유익한 활동이지요. 이런 플로깅 활동이 사회적으로 확산하면서 몇몇 다이버들은 **잠수**를 즐기며 바닷속 쓰레기를 줍는 환경 정화 활동인 '플로빙(Ploving)'을 시작했어요.

플로빙은 '이삭을 줍다'라는 뜻의 스웨덴어 '플로카업(Plokka Up)'과 '프리다이빙(Freediving)'을 합친 **신조어**예요. 그리고 이런 플로빙 활동을 하는 사람을 플로버(Plover)라고 부르지요.

플로빙은 바닷속에서 잠수를 하며 쓰레기를 주워야 하기 때문에 다이버 **자격증**이 필수예요. 또 언제 위험한 상황이 발생할지 모르는 만큼 안전을 가장 중요하게 생각합니다. 그래서 플로빙 활동을 할 때는 2인 또는 3인이 조를 지어 활동합니다.

플로빙의 중심에는 제주를 중심으로 활동하는 해양 환경 보호 단체 '플로빙코리아(Ploving Korea)'가 있는데요. 이들은 해양 활동을 하는 사람들의 **인식** 변화와 지속적인 해양 **정화**를 위해 꾸준히 노력하고 있습니다. 잠수를 즐기면서 쓰레기를 줍는 것이 **모토**인 이들은 앞으로 거점을 넓혀가며 바다 정화에 더욱 앞장설 예정이라고 해요.

- **잠수**: 물속에 잠김
- **신조어**: 새로 만든 낱말
- **자격증**: 일정한 능력을 갖춘 사람에게 그 능력을 인정해 주는 증명서
- **인식**: 사물을 분별하고 판단하여 아는 일
- **정화**: 더러운 것을 없애 깨끗하게 함
- **모토(Motto)**: 행동이나 말을 할 때 지침이 되는 마음가짐

생각 씨앗

❶ 신문 기사를 소리 내어 읽었나요? ☐

❷ 기사의 제목을 적어 보세요.

----

❸ 기사에서 많이 나온 주요 단어는 무엇인가요?

ㅍ	ㄹ	ㅂ

생각 톡톡

❶ 플로깅(Plogging)이 걷거나 달리면서 쓰레기를 줍는 활동이라면 플로빙(Ploving)은 무엇을 하며 쓰레기를 줍는 활동인가요?

❷ 플로빙에 대한 설명으로 맞으면 ○, 틀리면 × 표시를 하세요.

	질문	O / X
Q1.	플로빙 활동을 하는 사람을 플로버라고 부른다.	
Q2.	플로빙 활동은 다이버 자격증이 없어도 할 수 있다.	
Q3.	플로빙 활동 시에는 안전을 위해 2인 또는 3인이 조를 지어 활동한다.	
Q4.	플로빙코리아는 제주를 중심으로 활동하는 해양 환경 보호 단체다.	

생각 쑥쑥

지난 주말에 가족들과 산책로를 걸으며 쓰레기를 주웠더니 몸도 마음도 건강해진 것 같아. 이래서 사람들이 플로깅을 하나봐.

우리 아빠는 작년에 다이버 자격증을 땄어. 해양 환경을 보호하는 활동에 참여하고 싶으시대. 우리 아빠처럼 플로빙 활동을 위해 다이버 자격증을 따는 사람들이 종종 있나봐.

플로깅이나 플로빙 활동을 하는 사람들의 노력도 중요하지만 바다에 쓰레기를 버리지 않는 게 더 중요해.

생각 열매

- 플로깅과 플로빙 활동을 하는 사람들을 보며 여러분이 할 수 있는 환경 정화 활동을 적어 보세요.

어휘 쑥쑥

潛 水
잠길 잠 물 수

잠수 물속에 잠김

예 해녀들은 잠수해서 해산물을 딴다.

認 識
알 인 알 식

인식 사물을 분별하고 판단하여 아는 일

예 환경에 대한 사람들의 인식이 바뀌고 있다.

淨 化
깨끗할 정 화할 화

정화 더러운 것을 없애 깨끗하게 함

예 고무나무는 공기 정화 식물이다.

생각 정리

☐☐를 즐기며 쓰레기를 줍는 플로버들은 사람들의 ☐☐ 변화와 해양 ☐☐를 위해 노력하고 있다.

사회 28

전기 자동차를 넘어 전기 비행기 시대로
국내 기술로 만든 경량 항공기 제품화 머지않아

  월   일

요즘 도로 위에서 **전기** 자동차를 만나는 일은 아주 흔하지요. 그런데 이제 하늘에서도 전기 비행기를 볼 수 있을 것으로 기대됩니다. 2023년부터 유럽에서 전기 비행기를 대량으로 생산하기 시작했다는 소식입니다. 이 전기 비행기는 한 번 **충전**으로 50분 정도를 비행할 수 있으며, 연료비는 **항공유**의 10분의 1보다 적다고 합니다.

전기 비행기는 2008년 처음 개발을 시작해 2020년 6월 세계 최초로 유럽 항공청 **인증**을 받았습니다. 지금은 프랑스, 스웨덴, 노르웨이 등 유럽 각지에서 전기 비행기가 **상용화**되어 있지요. 사실 유럽은 이미 10년 전부터 친환경 산업을 기르기 위해 전기 비행기 산업을 키워왔습니다. 그 덕에 빠른 속도로 전기 비행기 산업이 성장했지요.

하지만 지금은 유럽뿐 아니라 미국을 비롯한 세계 여러 나라가 전기 비행기 개발에 힘을 쏟고 있는데요. 우리나라 역시 발 빠르게 전기 비행기 개발을 진행 중입니다. 순수 국내 기술로 만든 **경량** 항공기에 전기 동력을 도입한 전기 비행기 KLA-100E는 국내 기업과 항공우주연구원이 함께 개발 중으로, 2023년 초에 이미 성공리에 시험 비행을 마쳤어요. 머지않아 전기 비행기의 제품화도 가능할 거라 하네요. 우리나라의 세계적인 배터리 기술과 항공 기술을 합치면 전기 비행기 사업이 세계적으로 충분한 **경쟁력**을 갖출 수 있을 것입니다.

- **전기**: 전자의 이동으로 생기는 에너지
- **충전**: 전기 에너지를 회복시킴
- **항공유**: 항공기의 연료로 사용되는 기름
- **인증**: 합법적인 절차로 이루어졌음을 인정하고 증명함
- **상용화**: 물품이 일상적으로 사용되게 됨
- **경량**: 가벼운 무게
- **경쟁력**: 상대와 경쟁하여 버티거나 이길 수 있는 힘

생각 씨앗

❶ 신문 기사를 소리 내어 읽었나요? ☐

❷ 기사의 제목을 적어 보세요.

----

❸ 기사에서 많이 나온 주요 단어는 무엇인가요?

ㅈ ㄱ ㅂ ㅎ ㄱ
☐ ☐ ☐ ☐ ☐

생각 톡톡

❶ 유럽에서는 언제부터 전기 비행기를 대량 생산하기 시작했나요?

☐ ☐ ☐ ☐ 년

❷ 전기 비행기에 관한 설명으로 옳지 않은 것은 무엇인가요? ( )

① 한 번 충전으로 50분 정도를 비행할 수 있다.
② 연료비가 항공유의 10분의 1도 들지 않는다.
③ 노르웨이는 전기 비행기가 상용화되어 있다.
④ 우리나라는 아직 전기 비행기 개발에 뛰어들지 않았다.

생각 쑥쑥

명절에 고속도로가 막힐 때마다 자동차가 하늘을 날면 얼마나 좋을까 하는 생각을 하곤 했어.

유럽은 이미 전기 비행기가 상용화 되어 있고, 우리나라도 국내 전기 비행기 시험 비행에 성공했다고 하니 머지않아 개인이 전기 비행기를 몰고 다니는 날이 올지도 몰라.

전기 비행기가 많아지면 하늘길에 대한 약속도 필요해질 거야. 하늘에 도로를 만들 수는 없겠지만 말이야.

생각 열매

- 만일 개인 전기 비행기가 상용화되면 어떤 일이 일어날까요? 생활 속에서 전기 비행기를 활용하는 모습을 적어 보세요.

어휘 쑥쑥

充電 채울 충 · 번개 전
충전 전기 에너지를 회복시킴
예 휴대폰 충전하는 것을 깜박했다.

電氣 번개 전 · 기운 기
전기 전자의 이동으로 생기는 에너지
예 전기가 나가서 텔레비전이 꺼졌다.

常用化 항상 상 · 쓸 용 · 화할 화
상용화 물품이 일상적으로 사용되게 됨
예 발명품을 상용화하는 일은 쉽지 않다.

생각 정리

한 번 ☐☐ 으로 50분 정도 비행하는 ☐☐ 비행기는 유럽을 중심으로 ☐☐☐ 되고 있다.

환경 29

태평양 한가운데 커다란 쓰레기 섬이 둥둥
바다 동물과 인간 위협하는 쓰레기

월   일

하와이와 캘리포니아 사이에 있는 북태평양에는 바다 위를 떠다니는 거대한 섬이 있습니다. 1950년에 시작해 지금은 우리나라의 16배가 넘는 크기로 불어난 이 섬은 플라스틱 쓰레기로 이루어져 있는데요. 지금도 세계 곳곳에서 버린 플라스틱이 모이고 있는지라 이 섬의 **면적**은 점점 더 넓어지고 있습니다.

그렇다면 플라스틱 쓰레기가 이처럼 한 곳에 **대량**으로 모이게 된 까닭은 무엇일까요? 바로 원형 순환 **해류** 때문입니다. 쿠로시오 해류, 북태평양 해류, 캘리포니아 해류, 북적도 해류는 한 곳을 중심으로 둥글게 **순환**합니다. 하지만 이때 **회전** 중심의 물은 거의 움직이지 않지요. 이런 이유로 한번 모여든 쓰레기는 밖으로 다시 나가기 어렵고, 계속해서 쌓이게 되는 거죠.

문제는 바다에 버려진 쓰레기들로 인해 많은 바다 생물들이 생명의 위협을 받고 있다는 데 있습니다. 커다란 비닐이 소화 기관에 끼어 굶어 죽은 대왕고래부터 버려진 그물에 몸이 감겨 죽은 바다거북까지 쓰레기로 인해 목숨을 잃는 바다 동물들이 점점 늘고 있어요.

더 걱정인 것은 이것이 비단 바다 동물만의 문제는 아니라는 점입니다. 바다에서 나는 물고기와 해산물을 먹고 있는 인간에게도 매우 위협적이죠. 바닷물과 햇빛에 깨지고 부서진 미세 플라스틱이 해양 생물의 몸속에 고스란히 **축적**되고 있거든요.

- **면적**: 평면이나 구면이 차지하는 넓이의 크기
- **대량**: 아주 많은 분량이나 수량
- **해류**: 일정한 방향과 속도로 움직이는 바닷물의 흐름
- **순환**: 어떤 현상이 주기적으로 반복되거나 되풀이하여 돎
- **회전**: 어떤 축을 중심으로 그 둘레를 돎
- **축적**: 모아서 쌓음

생각 씨앗

❶ 신문 기사를 소리 내어 읽었나요? ☐

❷ 기사의 부제목을 적어 보세요.

....

❸ 기사에서 많이 나온 주요 두 단어는 무엇인가요?

| 프 | 라 | 스 | 틱 |, | 쓰 | 레 | 기 |

생각 톡톡

❶ 북태평양 바다 위 쓰레기 섬의 크기는 우리나라의 몇 배가 넘나요?

☐☐ 배

❷ 플라스틱 쓰레기가 한 곳에 대량으로 모이게 된 까닭은 무엇인가요?

☐☐☐☐☐☐

❸ 쓰레기 섬으로 인해 바다에는 어떤 일이 일어나고 있나요?

바다 생물들이 ☐☐ 을 위협받고 있다.

생각 쑥쑥

우리나라의 16배가 넘는 쓰레기 섬이 바다 위에 있다는 사실이 믿어지지 않아. 도대체 쓰레기를 얼마나 많이 버렸으면 그렇게 커다란 섬이 생겼을까?

1950년부터 쌓였다 쳐도 엄청난 양이야. 그런데 북태평양을 포함한 오대양에 모두 쓰레기 섬이 존재한다고 해.

당장은 바다 동물들만 피해를 보는 것처럼 보이겠지만 이미 우리가 먹고 있는 해산물 속에 미세 플라스틱들이 적지 않게 들어 있어.

생각 열매

- 쓰레기 섬을 줄이거나 없애기 위해 우리가 할 수 있는 일에는 어떤 것이 있을까요? 여러분이 실천할 수 있는 일을 적어 보세요.

어휘 쑥쑥

海流 바다 해 흐를 류(유)
해류 일정한 방향과 속도로 움직이는 바닷물의 흐름
예 세 개의 해류가 만나는 곳에는 물고기가 많다.

大量 큰 대 헤아릴 량(양)
대량 아주 많은 분량이나 수량
예 공장에서는 물건을 대량으로 생산한다.

面積 얼굴 면 쌓을 적
면적 평면이나 구면이 차지하는 넓이의 크기
예 섬은 대부분 산이 많아 평지 면적이 적다.

생각 정리

사람들이 버린 쓰레기들이 원형 순환 ☐☐ 로 인해 ☐☐ 으로 모여 커다란 ☐☐ 의 쓰레기 섬을 만들었다.

경제
30

AI와 인간의 일자리 전쟁
사회적 관계 맺어야 하는 직업은 대체하기 어려워

월   일

　역사학자 유발 하라리(Yuval Harari)는 AI(인공지능)의 위협을 받는 직업의 특징에 관해 **대체**하기 쉽고 많은 돈이 오가는 산업이라고 했습니다. 그러면서 그는 대체하기 쉬운 직업 유형으로 데이터 분석 업무를 꼽았는데요. 상대적으로 몸을 쓰거나 사회적 **관계**가 연관된 **직종**은 대체가 어렵다고 했습니다. 이런 이유에서 그는 간호사보다 의사가 먼저 직장을 잃을 확률이 높다고 했어요. 왜냐하면 의사의 주된 업무는 환자의 상태를 진단하고 데이터를 **분석**하는 일이기 때문이죠. 반면 간호사는 주사를 놓고 환자의 상태를 지속적으로 살피는 일을 하거든요.

　2023년 한국언론진흥재단이 성인 1,000명을 대상으로 조사한 결과도 유발 하라리의 의견과 유사하게 나왔어요. 설문은 10개의 **직업군**을 제시한 뒤 대체 가능성에 대해 묻는 식으로 진행됐는데요. 그중 대체 가능성이 가장 높은 직업군으로 번역가·통역사(90.9%)가 1위로 꼽혔습니다. 그 뒤를 데이터 분석 전문가(86.9%), 자산 관리사·보험 설계사(79.2%), 회계사·세무사(74.0%)가 이었죠. 주로 데이터 분석을 하는 사람들이었습니다. 그렇다면 이와 반대로 대체되기 힘든 직업군으로는 무엇이 꼽혔을까요? **통계** 수치에 큰 차이는 없지만 작가·작사가·작곡가(46.5%), 교수, 교·강사(50.9%), 언론인(56.3%) 순이었습니다. 사회적 관계가 필요하거나 창의력을 필요로 하는 직업군이죠.

　유발 하라리는 창의성보다 사회적 관계가 더 중요하다고 했는데요. 통계가 보여주듯 대체하기 힘든 직업의 특징은 인간관계라고 말할 수 있겠네요.

- **대체**: 대신할 만한 것으로 바꿈
- **관계**: 사람들 사이에 서로 연결되어 관련이 있는 것
- **직종**: 직업이나 직무의 종류
- **분석**: 복잡한 현상을 풀어서 논리적으로 해명함
- **직업군**: 성질이 비슷한 직업을 한데 묶어 이르는 말
- **통계**: 수집된 자료를 정리하여 일정한 체계에 따라 숫자로 나타냄

생각 씨앗

❶ 신문 기사를 소리 내어 읽었나요? ☐

❷ 기사의 제목을 적어 보세요.

----

❸ 기사에서 많이 나온 주요 단어는 무엇인가요?

ㅈ ㅇ ㄷ ㅊ
☐ ☐ , ☐ ☐

생각 톡톡

❶ 유발 하라리는 대체하기 쉬운 직업 유형으로 어떤 일을 꼽았나요?

☐ ☐ ☐ 를 ☐ ☐ 하는 일

❷ 작가나 교수, 언론인은 무엇을 필요로 하는 직업군인가요?

☐ ☐ ☐ ☐ ☐

생각 쑥쑥

AI의 발달로 편리해진 점도 많지만 그동안 사람들이 해왔던 일들이 사라지고 있는 건 걱정이야.

사회적으로 안정된 제도가 마련되면 좋겠지만 그 전까지는 자신의 능력을 적극적적으로 키우는 것이 중요해.

인간관계를 잘하려면 학교에서 친구들과 사이좋게 지내는 것이 중요해. 친구 관계가 좋은 사람은 나중에 직장에서도 동료들과 좋은 관계를 맺을 수 있을 테니 말이야.

생각 열매

- AI와의 일자리 전쟁에서 이기려면 인간관계가 중요하다고 해요. 좋은 인간관계를 맺기 위해 여러분이 할 수 있는 것을 적어 보세요.

어휘 쑥쑥

關 係 관계할 관 / 맬 계
관계 사람들 사이에 서로 연결되어 관련이 있는 것
예) 친구 사이에도 관계가 중요하다.

職 種 벼슬 직 / 씨 종
직종 직업이나 직무의 종류
예) 유망 직종은 시대에 따라 바뀐다.

代 替 대신할 대 / 바꿀 체
대체 대신할 만한 것으로 바꿈
예) 대체할 수 없는 사람이 되어야 살아남는다.

생각 정리

유발 하라리는 사회적 □□ 와 연관된 □□ 은 AI로 □□ 가 어렵다고 했다.

- 전 세계 바다마다 플라스틱으로 이루어진 커다란 쓰레기 섬이 있어요. 쓰레기 섬의 심각성을 알리는 포스터를 만들어 보세요.

NEWS 2호

7주차

7주차 주간 학습 계획표

회차	영역	신문 기사	학습 계획일
31	스포츠	세상에서 가장 빠른 사람, 우사인 볼트	월 일
32	문화	세계가 부러워하는 K-공중화장실	월 일
33	환경	비행기가 다니지 않는 하늘 길이 있다?	월 일
34	경제	석유 유전 발견으로 단숨에 경제 성장률 62.3% 껑충	월 일
35	환경	논밭 누비는 오리 유목민	월 일

스포츠
31

세상에서 가장 빠른 사람, 우사인 볼트

육상 100m, 200m 세계 신기록을 혼자 가진 사람

　자메이카 출신의 육상 선수 우사인 볼트(Usain Bolt)는 2008년 베이징 올림픽에 **혜성**처럼 나타나 육상 100m와 200m에서 금메달을 따내며 이름을 알렸습니다. 이후 열린 2012년 런던 올림픽과 2016년 리우데자네이루 올림픽에서도 100m와 200m에서 모두 금메달을 따며 전 세계를 놀라게 했지요.

　볼트가 2009년 세계 선수권 대회 육상 100m에서 세운 9초 58과 200m에서 세운 19초 19라는 기록은 아직까지 깨지지 않고 있어요. **육상** 전문가들은 이 기록이 영원히 깨지지 않을 거라고 말합니다. 왜냐하면 우사인 볼트는 육상 단거리 선수로서는 특별한 **신체**를 가지고 있기 때문이지요.

　그는 키가 195cm로 단거리 선수치고는 장신이라는 점도 있지만 또 다른 장점이 있어요. 사실 볼트는 **선천성** 척추**측만**증을 앓고 있습니다. 척추측만증은 일직선으로 곧아야 하는 척추가 휘어져 **변형**된 상태를 말해요. 이를 극복하기 위해 볼트는 허리와 배, 골반 부분의 근육을 튼튼하게 만드는 훈련을 통해 척추를 지탱하는 힘을 키웠어요. 그 결과 근육이 척추를 받쳐 주게 되었고, 척추측만증으로 인한 골반 흔들림이 오히려 볼트에게 강력한 무기가 되어 주었죠. 볼트는 자신의 신체적 약점을 장점으로 바꾼 달리기 폼을 완성시켰고, 그 결과 누구도 따라올 수 없는 세계 최고의 선수가 되었답니다.

- **혜성**: 꼬리가 있는 태양계의 천체로 어떤 분야에 갑자기 나타난 뛰어난 사람을 비유적으로 이를 때 사용하는 말
- **육상**: 달리기, 뛰기, 던지기를 기본으로 하는 땅 위에서의 운동 경기
- **신체**: 사람의 몸
- **선천성**: 태어날 때부터 가지고 있는 성질
- **측만**: 척추가 옆으로 활처럼 굽은 상태
- **변형**: 모양이나 형태를 달라지게 함

생각 씨앗

❶ 신문 기사를 소리 내어 읽었나요? ☐

❷ 기사의 제목을 적어 보세요.

────────────────────────────────

❸ 기사에서 많이 나온 주요 단어는 무엇인가요?

ㅂ	ㅌ

생각 톡톡

❶ 우사인 볼트는 어느 나라 출신인가요?

☐☐☐☐

❷ 우사인 볼트가 이름을 알린 올림픽은 언제인가요?

☐☐☐☐ 년, ☐☐☐ 올림픽

❸ 볼트에 대한 설명으로 옳지 않은 것은 무엇인가요? (   )

① 키가 195cm로 단거리 선수치고는 장신이다.

② 척추측만증 때문에 허리와 배, 골반 근육 훈련을 했다.

③ 신체적 약점을 장점으로 바꾼 달리기 폼을 완성시켰다.

④ 볼트가 100m에서 9초 58의 기록을 세운 대회는 런던 올림픽이다.

생각 쑥쑥

볼트는 정말 대단해. 척추측만증으로 척추가 휘어졌지만 자신의 약점을 극복하고 세상에서 가장 빠른 사람으로 불리고 있으니 말이야.

맞아, 한 사람이 육상 100m와 200m에서 모두 세계 신기록을 갖는다는 건 정말 놀라운 일이야. 게다가 아직까지 그 기록이 깨지지 않았다는 건 더 놀라워.

그런 기적 같은 일을 이루기 위해 볼트가 얼마나 노력했을지 상상이 되지 않아.

생각 열매

- 여러분의 약점을 찾고, 그것을 지혜롭게 극복할 방법을 적어 보세요.

나의 약점

극복 방법

어휘 쑥쑥

陸 上 (뭍 륙(육) / 위 상)
육상: 달리기, 뛰기, 던지기를 기본으로 하는 땅 위에서의 운동 경기
예) 육상 경기의 꽃은 100미터 달리기다.

彗 星 (살별 혜 / 별 성)
혜성: 꼬리가 있는 태양계의 천체
예) 그는 가요계에 혜성처럼 등장했다.

側 彎 症 (곁 측 / 굽을 만 / 증세 증)
측만증: 척추가 옆으로 활처럼 굽은 상태
예) 척추측만증은 치료가 어렵다.

생각 정리

올림픽 ☐☐ 경기에 ☐☐ 처럼 나타난 볼트는 척추 ☐☐☐ 을 이기고 세계를 놀라게 했다.

문화 32

세계가 부러워하는 K-공중화장실
파리에서 화장실이 보이면 무조건 들어가세요

월   일

유럽 여행을 가면 화장실을 찾기가 어려워요. 찾는다고 해도 **유료**라서 비용을 **지불**해야 하거나 줄이 길어 한참 동안 **용변**을 참아야 하는 경우가 많지요. 경제적으로 부유하고 **복지**가 잘되어 있는 유럽이 화장실에 이렇게 **인색**한 이유는 무얼까요?

19세기 유럽은 **공중화장실**은 물론 가정에도 화장실이 없는 경우가 대부분이었어요. 200년이 흐른 지금도 유럽 곳곳에는 그때 지은 건물들이 많이 남아 있어요. 당시 워낙 튼튼하게 지은 탓에 화장실이 없는 건물의 구조를 바꾸기가 쉽지 않아요. 게다가 구조를 바꾸려면 꽤 많은 비용이 드는데, 이런 요인도 유럽의 화장실 문화에 영향을 주었어요.

프랑스 파리를 다녀온 한 여행객은 "파리에 가면 급할 때 화장실을 가는 게 아니라 화장실이 보이면 무조건 가야 한다."라고 말했어요. 그만큼 유럽에서는 화장실을 이용하기가 쉽지 않다는 뜻이겠죠. 반면 우리나라의 공중화장실 시설은 매우 청결해요. 변기뿐 아니라 세면대와 조명도 세계 최고 수준을 자랑하죠. 게다가 대형 건물 1층엔 누구나 이용할 수 있도록 공중화장실을 의무적으로 설치하게 되어 있습니다. 그래서 유럽이나 다른 나라에서 한국에 여행 온 사람들은 놀라곤 하지요. 한 프랑스인은 자기네 나라에서는 공중화장실을 최대한 가지 않으려고 참는데 한국에서는 매일 가도 좋겠다며 칭찬을 아끼지 않았어요.

- **유료**: 요금이 있음
- **지불**: 돈을 내어 줌
- **용변**: 똥이나 오줌을 눔
- **복지**: 행복을 누릴 수 있는 상태
- **인색**: 어떤 일을 지나치게 박하게 함
- **공중화장실**: 여러 사람이 다 같이 이용하도록 공공장소에 만들어 놓은 화장실

생각 씨앗

❶ 신문 기사를 소리 내어 읽었나요? ☐

❷ 기사의 제목을 적어 보세요.

------

❸ 기사에서 많이 나온 주요 단어는 무엇인가요?

ㄱ	ㅈ	ㅎ	ㅈ	ㅅ

생각 톡톡

❶ 유럽은 화장실이 대부분 ☐☐라 적지 않은 돈을 ☐☐해야 한다.

❷ 유럽 화장실에 대한 설명으로 옳지 않은 것은 무엇인가요? (   )

① 유럽에는 공중화장실이 매우 드물다.
② 19세기 유럽은 가정에도 화장실이 없는 경우가 많았다.
③ 파리에 가면 용변이 급할 때만 화장실을 이용하는 게 좋다.
④ 200여 년 전, 화장실 없이 지은 건물들이 아직까지 많이 남아 있다.

❸ 우리나라는 매우 ☐☐☐ 공중화장실을 갖추고 있고, 대형 건물 ☐층에 의무적으로 공중화장실을 설치하도록 되어 있다.

생각 쑥쑥

복지가 잘되어 있고 부유한 유럽 국가에 공중화장실이 거의 없다는 게 이상해. 우리나라는 어디를 가든 쉽게 공중화장실을 이용할 수 있는데 말이야.

유럽 사람들도 불편함을 느끼고 있지만 비용이 많이 들어서 쉽지 않은가 봐. 대신 거리마다 이동식 변기가 있으니 돈을 지불하고라도 용변을 보는 수밖에 없지.

얼마 전 유럽에 사는 친척들이 한국에 여행을 왔는데 화장실을 보고 깜짝 놀랐대. 유럽에 비해 한국은 공중화장실이 깨끗하고 시설도 훌륭하대.

생각 열매

- 우리나라는 공중화장실에 관한 법률이 있어서 누구나 편리하게 화장실을 이용할 수 있어요. 만약 공중화장실이 부족해지면 어떤 일이 벌어질까요?

어휘 쑥쑥

福祉 (복 복, 복 지) → **복지**: 행복을 누릴 수 있는 상태
예) 복지가 좋은 회사의 직원이 행복하다.

吝嗇 (아낄 린(인), 아낄 색) → **인색**: 어떤 일을 지나치게 박하게 함
예) 나는 칭찬에 인색하다.

公衆化粧室 (공평할 공, 무리 중, 화할 화, 단장할 장, 집 실) → **공중화장실**: 여러 사람이 다 같이 이용하도록 공공장소에 만들어 놓은 화장실
예) 휴게소 공중화장실은 청결하다.

생각 정리

☐☐가 잘되어 있는 유럽이 화장실에 ☐☐한 반면 우리나라는 세계 최고 수준의 ☐☐☐☐☐을 갖추고 있다.

> 환경
> 33

비행기가 다니지 않는 하늘 길이 있다?
비행기도 피해 가는 난기류

월   일

　자동차로 바다를 건널 수 없듯 배로 육지를 다닐 수 없습니다. 하지만 넓게 열린 하늘 길을 다니는 비행기는 아무런 제약이 없어 보여요. 그런데 이렇게 제약이 없어 보이는 비행기도 다니지 않는 곳이 있다고 합니다.

　태평양(太平洋)은 이름처럼 아주 크고 넓은 바다예요. 이런 태평양을 건너려면 꽤 오랜 시간이 걸리지요. **난기류**나 **뇌우** 등의 위험도 존재하고요. 그런데 태평양 한가운데를 비행하다 **기상 악화**로 비행이 어려워 **비상 착륙**을 해야 한다면 어떨까요? 상상하기도 싫은 일이죠. 이런 이유로 대부분의 항공사들은 조금 돌아가더라도 태평양 한가운데를 가로질러 가는 **경로**는 피하고 있습니다.

　그런데 바다가 아닌 곳 중에도 비행기가 잘 다니지 않는 곳이 있어요. 바로 지구의 지붕으로 불리는 티베트 **고원**인데요. 티베트 고원은 평균 **해발 고도**가 4,500m인 데다 세계에서 가장 높은 에베레스트산(8,850m)과 K2(8,611m)가 있어 비행이 매우 까다롭습니다. 게다가 티베트 고원은 **지형**상 엄청난 규모의 난기류가 잦아 위험한 상황에 놓이기도 쉽지요. 또 이곳은 고도가 높은 탓에 비행기가 비상 착륙할 만한 곳을 찾기가 어려워요. 티베트 고원에 라싸 공가 공항이 있긴 하지만 다른 공항과 거리가 멀어 현실적으로 비상 착륙이 힘들죠. 실제로 2차 세계대전 당시 이곳에서 극심한 난기류를 만나 추락하거나 실종된 비행기만 약 500대가 넘는다고 하네요.

- **난기류**: 방향과 속도가 불규칙하게 바뀌면서 흐르는 공기의 흐름
- **뇌우**: 돌풍과 함께 내리는 비
- **기상**: 바람, 비, 구름 등 대기 중에서 일어나는 모든 현상
- **악화**: 어떤 일이나 관계가 나쁘게 변함
- **비상 착륙**: 항공기가 고장 나거나 돌발적인 사태가 생겼을 때 최후 수단으로 시도하는 착륙
- **경로**: 지나는 길
- **고원**: 평야에 비하여 높은 지대에 펼쳐진 넓은 벌판
- **해발 고도**: 평균 해수면을 기준으로 하여 잰 어떤 지점의 높이
- **지형**: 땅의 생긴 모양

생각 씨앗

❶ 신문 기사를 소리 내어 읽었나요? ☐

❷ 기사의 부제목을 적어 보세요.

_____

❸ 기사에서 많이 나온 주요 단어는 무엇인가요?

ㅂ	ㅎ	ㄱ

생각 톡톡

❶ 비행기가 태평양 한가운데를 잘 지나다니지 않는 이유는 무엇인가요?

☐☐☐ 할 장소가 마땅하지 않아서

❷ 지구의 지붕으로 불리는 티베트 고원의 평균 해발 고도는 얼마인가요?

☐,☐☐☐ m

❸ 방향과 속도가 불규칙하게 바뀌면서 흐르는 공기의 흐름을 무엇이라 하나요?

☐☐☐

❹ 2차 세계대전 당시 티베트 고원에서 난기류를 만나 추락하거나 실종된 비행기만 약 ☐☐☐ 대가 넘는다.

생각 쑥쑥

하늘은 마냥 넓게 열려 있는 것 같은데 비행기가 다니기 힘든 곳도 있다는 사실이 신기해.

비행기는 자동차처럼 아무데나 멈추어 설 수가 없어. 기다란 활주로가 있어야 안전하게 착륙할 수 있는데, 바다 위나 험한 산 위에 비행기를 세울 수는 없지.

맞아, 조금 돌아가더라도 안전한 길로 다녀야 해. 기술이 더 발전해서 난기류에 피해를 받지 않는 비행기를 만든다면 모르겠지만 말이야.

생각 열매

- 국제민간항공기구(ICAO)에서 제공한 2018년 전 세계 항공 노선도입니다. 비행기가 자주 다니는 길과 그렇지 않은 길이 있는데요. 왜 그런지 이유를 생각해 보세요.

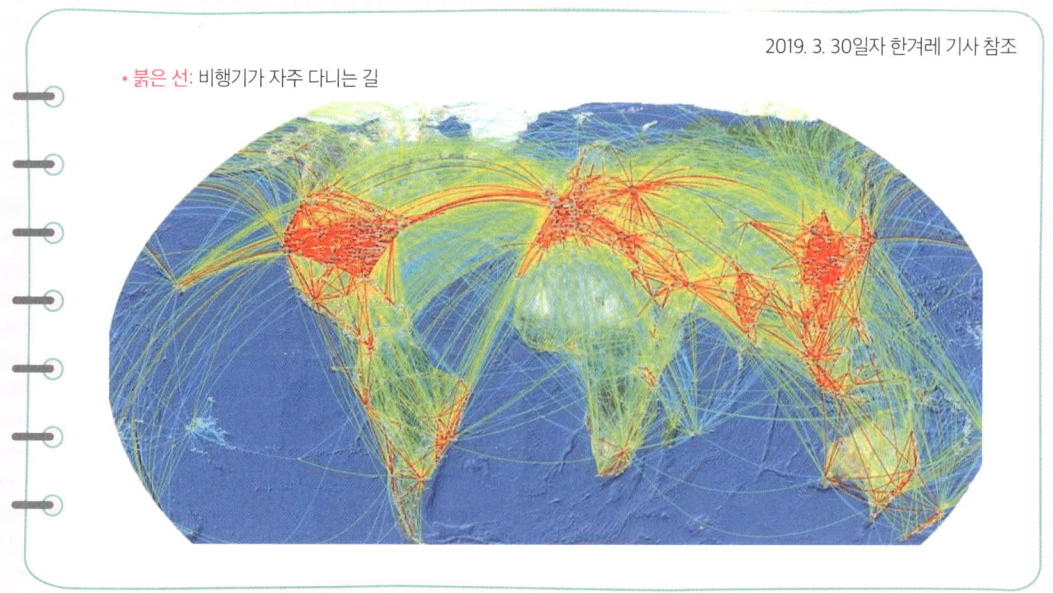

2019. 3. 30일자 한겨레 기사 참조

• 붉은 선: 비행기가 자주 다니는 길

어휘 쑥쑥

高原 높을 고 / 언덕 원
고원 평야에 비해 높은 지대에 펼쳐진 넓은 벌판
예) 고원 지대에는 양을 기르는 사람들이 많다.

亂氣流 어지러울 란(난) / 기운 기 / 흐를 류
난기류 방향과 속도가 불규칙하게 바뀌면서 흐르는 공기의 흐름
예) 난기류로 인해 흔들리던 비행기가 안정을 찾았다.

經路 지날 경 / 길 로
경로 지나는 길
예) 그 기장은 안전을 위해 경로를 바꾸었다.

생각 정리

티베트 [고][원] 처럼 [난][기][류] 가 잦은 곳은 비행기의 [경][로] 로 잘 사용하지 않는다.

경제 34

석유 유전 발견으로 단숨에 경제 성장률 62.3% 껑충

가이아나, 곧 남미에서 가장 부유한 나라 될 것

 월 일

2023년 OECD 평균 **경제 성장률**은 3%에 조금 못 미쳤습니다. 그런데 2022년에 무려 62%, 2023년에 38%의 경제 성장률을 기록한 나라가 있는데요. 바로 남미 북부에 있는 가이아나입니다. 베네수엘라와 수리남 사이에 놓여 있는 가이아나의 **국토** 면적은 214,969km^2로, 남한의 두 배가 조금 넘지만 인구는 81만 명으로 매우 적어요.

가이아나의 경제 성장률이 급격히 높아진 것은 2015년 에세퀴보 앞바다에서 원유가 발견되면서부터입니다. 덕분에 2015년 이전까지 남미에서 가장 가난한 나라로 꼽히던 가이아나는 이제 남미에서 가장 부유한 나라로 불릴 날을 코앞에 두고 있지요.

에세퀴보 앞바다에 있는 원유 **매장량**은 약 110억 배럴로 **추정**되는데, 이는 세계 상위 20위 안에 드는 엄청난 양이라고 합니다. 게다가 **가공**이 쉬운 **경질유**라 **경제성**도 높다고 하네요.

가이아나에서 원유가 쏟아지면서 이웃 나라 수리남도 원유를 찾기 위해 앞바다를 탐사하기 시작했다고 해요. 베네수엘라는 한 발 더 나아가 에세퀴보를 자기네 땅이라고 주장하며 **영토 분쟁**을 시작했어요. 좋은 일이 있으면 그렇지 않은 일도 따르는 걸까요?

- **경제 성장률**: 일정 기간 동안 한 나라의 경제의 성장을 나타내는 지표
- **국토**: 한 나라의 통치권이 미치는 지역
- **매장량**: 지하자원이 땅 속에 묻혀 있는 분량
- **추정**: 미루어 생각하여 판정함
- **가공**: 천연의 것이나 완성되지 않은 것에 사람의 힘을 더함
- **경질유**: 비중이 가벼운 품질 좋은 원유
- **경제성**: 소비량에 비해 이득이 더 큰 성질
- **영토 분쟁**: 영토의 주권을 두고 국가 사이에 벌어지는 분쟁

생각 씨앗

❶ 신문 기사를 소리 내어 읽었나요? ☐

❷ 기사의 제목을 적어 보세요.

------

❸ 기사에서 많이 나온 주요 두 단어는 무엇인가요?

| ㄱ | | ㅇ | ㅇ | , | ㄴ | ㅇ | ㅇ |

생각 톡톡

❶ 2022년과 2023년 가이아나의 경제 성장률은 얼마인가요?

2022년 ☐☐ %, 2023년 ☐☐ %

❷ 가이아나는 어느 나라와 어느 나라 사이에 있나요?

☐☐☐☐☐ , ☐☐☐

❸ 가이아나에 대한 설명으로 옳지 <u>않은</u> 것은 무엇인가요? ( )

① 원유가 발견되면서 경제 성장률이 급격히 높아졌다.
② 에세퀴보 앞바다에 매장된 원유는 약 110억 배럴이다.
③ 가이아나는 세계에서 원유가 가장 많이 나는 나라다.
④ 이웃 나라인 베네수엘라와 영토 분쟁이 시작되었다.

생각 쑥쑥

가이아나 국민들은 정말 좋을 것 같아. 어느 날 갑자기 원유가 발견되어 가난한 나라에서 부유한 나라가 되었으니 말이야.

좋은 일이기는 하지만 이 일로 베네수엘라와 영토 분쟁이 시작된 건 안타까워. 두 나라가 잘 해결했으면 좋겠어.

베네수엘라와 달리 수리남은 발 빠르게 자기네 앞바다를 탐사하기 시작했다고 하니 지혜로운 것 같아. 다툼 없이 유익을 가져갈 수 있으니 말이야.

생각 열매

- 베네수엘라와 수리남의 모습을 보고 어떤 생각이 드나요? 여러분의 생각을 간단히 적어 보세요.

어휘 쑥쑥

經濟性 지날 경 / 건널 제 / 성품 성
경제성 소비량에 비해 이득이 더 큰 성질
예) 값 싸고 질 좋은 물건은 경제성이 높다.

輕質油 가벼울 경 / 바탕 질 / 기름 유
경질유 비중이 가벼운 품질 좋은 원유
예) 경질유는 가공이 쉬워 중질유보다 비싸다.

領土紛爭 거느릴 령(영) / 흙 토 / 어지러울 분 / 다툴 쟁
영토분쟁 영토의 주권을 두고 국가 사이에 벌어지는 분쟁
예) 나라 간에 영토 분쟁이 끊이지 않는다.

생각 정리

□□□ 높은 □□□의 대량 발견으로 가이아나는 단숨에 부유한 나라가 되었지만 그로 인해 □□□□에 휩싸였다.

| 환경 35 |

논밭 누비는 오리 유목민

오리를 이용한 친환경 농법이 주는 이로움

월   일

태국 등 동남아에서는 커다란 트럭에 오리를 싣고 다니는 사람들을 종종 볼 수 있습니다. 일명 오리 **유목민**인데요. 이들은 수천 마리 오리를 싣고 다니며 벼농사가 끝난 논에 오리를 풀어 놓습니다. 오리들은 논에 떨어진 곡식 낱알이나 벌레를 잡아먹으며 성장하지요. 보통 한 곳에서 2주 정도 오리들을 먹인 뒤 다른 곳으로 이동해요.

추수가 끝난 논에 오리가 들어가게 되면 오리만 좋은 게 아니라 농민들에게도 좋은 점이 많아요. 오리가 **해충**을 잡아 주어 **병충해**를 막아주고, 잡초를 먹어치운 덕에 **제초제**가 필요 없으며, 오리가 지나다니며 싼 **배설물**은 천연 비료가 되어 작물이 잘 자라도록 해주기 때문이죠. 게다가 오리가 땅을 밟고 다닌 덕에 농부들이 논이나 밭을 갈 때도 훨씬 수월하다고 해요. 그만큼 오리가 농사에 큰 도움을 주고 있는 거죠.

하지만 오리 유목민들이 오리를 기르며 얻는 가장 큰 유익은 바로 오리알입니다. 논밭을 오가며 좋은 먹이를 먹고 자란 오리알이 시장에서 제법 높은 가격에 판매되기 때문이죠. 이처럼 오리를 이용한 농법은 오리 유목민에게는 사료 값을 아껴주어 좋고, 농부에게는 공짜로 해충과 잡초를 제거해 주어 좋습니다. 한마디로 누이 좋고 매부 좋은 친환경 **농법**이죠.

- **유목민**: 가축이 먹을 만한 물과 풀밭을 찾아 주기적으로 떠돌아다니며 사는 민족
- **해충**: 인간에게 해를 끼치는 곤충
- **병충해**: 농작물 등 식물이 병균이나 벌레에 의하여 입는 해
- **제초제**: 농작물을 해치지 아니 하고 잡초만을 없애는 데 쓰는 약제
- **배설물**: 동물 체내에서 몸 밖으로 내보낸 노폐물
- **농법**: 농사를 짓는 방법

생각 씨앗

❶ 신문 기사를 소리 내어 읽었나요? ☐

❷ 기사의 부제목을 적어 보세요.

------

❸ 기사에서 많이 나온 주요 두 단어는 무엇인가요?

｜ㅇ｜ㄹ｜ , ｜ㅇ｜ㅁ｜ㅁ｜

생각 톡톡

❶ 오리 유목민들은 한 곳에서 얼마 간 오리를 먹이나요?

☐ 주 간

❷ 오리 유목민들이 얻는 것 중 가장 큰 유익은 무엇인가요?

☐☐☐

❸ 오리 농법에 관한 설명으로 옳지 <u>않은</u> 것은 무엇인가요? (　　)

① 오리들이 해충을 잡아 병충해를 막아 준다.
② 오리들이 잡초들을 먹어치운 덕에 제초제가 필요 없다.
③ 오리의 배설물은 깨끗하게 치워주어야 농사를 지을 수 있다.
④ 오리가 땅을 밟고 다닌 덕에 농부들은 논이나 밭을 갈 때 수월하다.

생각 쑥쑥

오리가 농사에 이렇게 도움이 되는 줄 몰랐어. 농부들 입장에서 오리가 병충해를 막아 주고 제초제도 필요 없게 해주니 얼마나 좋을까?

좋은 건 농부들만이 아니야. 오리 유목민은 사료 값을 아낄 수 있고, 좋은 먹이를 먹인 덕에 오리들이 더 좋은 오리알을 낳으니까 말야.

한국에는 우렁이를 이용한 친환경 농법이 가장 많대. 오리나 우렁이가 환경을 보호하고 건강한 곡물까지 먹게 해주니 참 고맙다.

생각 열매

- 오리나 우렁이를 이용한 친환경 농법이 널리 퍼지면 농약 없는 안전한 쌀을 생산할 수 있어요. 오리와 우렁이에게 고마운 마음을 전해 보세요.

_____ 에게

어휘 쑥쑥

農法 농사 농 / 법 법
농법 농사를 짓는 방법
예) 친환경 농법이 점점 확대되고 있다.

遊牧民 놀 유 / 칠 목 / 백성 민
유목민 가축이 먹을 만한 물과 풀밭을 찾아 주기적으로 떠돌아다니며 사는 민족
예) 유목민은 오랫동안 한 곳에 머물지 않는다.

害蟲 해칠 해 / 벌레 충
해충 인간에게 해를 끼치는 곤충
예) 해충을 없애기가 쉽지 않다.

생각 정리

오리 □□ 은 □□□ 에게는 사료 값을 아껴 주고, 농부에게는 □□ 과 잡초를 제거해 주는 누이 좋고 매부 좋은 농법이다.

생각 놀이터

- 놀이동산에서 어린이를 위한 화장실을 만들려고 해요. 여러분이 원하는 공중화장실을 디자인해 보세요.

 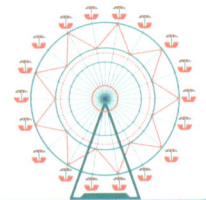

NEWS 2호

8주차

8주차
주간 학습 계획표

회차	영역	신문 기사	학습 계획일
36	사회	월화수목일일일, 주 4일 근무 시대 열린다	월 일
37	경제	밀크플레이션과 멸균 우유의 반란	월 일
38	문화	극장 가서 영화 볼래? OTT로 집에서 볼래?	월 일
39	사회	전기 요금 누진제, 국제 표준으로 바꿔야	월 일
40	사회	엄마, 내가 카페인을 마셨대요	월 일

사회

36 월화수목일일일, 주 4일 근무 시대 열린다

주 4일 근무제, 다른 나라들은 어떻게 하고 있나

우리나라의 주 5일 **근무제**는 2004년부터 시작됐어요. 이전까지만 해도 대부분의 직장인들은 토요일에도 일을 했지요. 그런데 최근 몇 년간 일과 삶의 균형을 강조하는 **워라밸**(Work and Life Balance)이 사회적으로 중요해지면서 주 4일제에 대한 관심도 커지고 있습니다.

삼성전자, SK와 같이 정보통신을 다루는 기업은 몇 년 전부터 주 4일 근무제를 부분적으로 하고 있었습니다. 하지만 **제조업**계는 그렇지 못했지요. 공장 기계를 멈추면 엄청난 손실이 발생하니까요.

하지만 최근 제조업계에도 새로운 바람이 불고 있어요. 주 4일 근무제를 부분적으로 실시하겠다고 선언한 회사들이 등장했기 때문이에요. 포스코는 세계 철강업계 최초로 격주 주 4일 근무제를 시작했어요. 직원들이 효율적으로 근무하면서 **자기계발**의 시간을 갖는 것이 회사 **경영**에 **유익**하다고 판단한 거죠.

다른 나라의 상황은 어떨까요? 2022년 2월, 벨기에는 유럽 최초로 주 4일제를 선택할 수 있는 법안을 통과시켰어요. 아이슬란드와 스페인은 현재 주 4일 근무제를 시범적으로 운영 중에 있습니다.

- **근무제**: 직장 따위에서 일을 하는 데 정해진 방식이나 기준
- **워라밸**: 일과 개인의 삶 사이의 균형을 이르는 말
- **제조업**: 일정한 원료로 물건을 만드는 것을 전문으로 하는 사업
- **자기계발**: 잠재하는 자기의 슬기나 재능, 사상 따위를 일깨워 줌
- **경영**: 사업이나 기업 등을 계획적으로 관리하고 운영함
- **유익**: 이롭거나 도움이 됨
- **의무적**: 마땅히 해야 하는
- **시범 운영**: 정식으로 운영하기 전에 시험적으로 운영하여 보는 일

생각 씨앗

❶ 신문 기사를 소리 내어 읽었나요? ☐

❷ 기사의 부제목을 적어 보세요.

....

❸ 기사에서 많이 나온 주요 단어는 무엇인가요?

ㅈ　４　ㅇ　ㄱ　ㅁ　ㅈ
☐　☐　☐　☐　☐　☐

생각 톡톡

❶ 주 4일 근무제에 대한 관심은 왜 커지고 있나요?

....

....

❷ 유럽 최초로 주 4일제를 선택할 수 있는 법안을 통과시킨 나라는 어디인가요?

☐ ☐ ☐

❸ 주 4일 근무제에 대한 설명으로 옳지 않은 것은 무엇인가요? (　　　)

① 우리나라의 경우 2004년부터 시작했다.
② 일과 삶의 균형을 강조한 워라밸이 부각되면서 시작되었다.
③ 직원들의 자기계발이 회사 경영에 유익하다는 판단이 깔려 있다.
④ 포스코는 철강업계 최초로 주 4일 근무제를 부분적으로 실시했다.

생각 쑥쑥

빨리 주 4일 근무제가 전국적으로 시행되면 좋겠어. 주말이면 아빠 엄마가 피곤해서 아무것도 못하시거든.

그렇게 되면 좋겠지만 회사 입장에서 쉬운 결정은 아닐 거야. 공장 기계를 일주일에 하루 더 멈추거나 직원을 새로 더 뽑아야 할 테니까.

맞아, 자금이 넉넉한 회사는 직원들의 워라밸과 경영의 효율성을 기대하며 주 4일 근무제를 시행할 수 있겠지만 돈이 부족한 회사는 이런 사회적 분위기가 상당히 부담될 거야.

생각 열매

• 주 4일 근무제 시행에 대한 여러분의 의견과 이유를 함께 적어 보세요.

의견	주 4일 근무제 ○ 즉시 시행해야 한다 ○ 미뤄야 한다
이유	

어휘 쑥쑥

勤務制 부지런할 근 / 힘쓸 무 / 마를 제
근무제 직장에서 일을 하는 데 정해진 방식이나 기준
예) 형은 대학에서 시간 근무제로 아르바이트를 했다.

經營 지날 경 / 경영할 영
경영 사업이나 기업 등을 계획적으로 관리하고 운영함
예) 경영을 잘하는 회사는 성장한다.

有益 있을 유 / 더할 익
유익 이롭거나 도움이 됨
예) 주말을 유익하게 보냈다.

생각 정리

주 4일 ☐☐☐ 가 회사 ☐☐ 에 ☐☐ 하다고 판단하는 기업들이 늘고 있다.

경제

37

밀크플레이션과 멸균 우유의 반란
틈새시장 파고든 멸균 우유와 고민하는 낙농업계

월   일

　우유 가격이 급격하게 오르는 것을 밀크플레이션(밀크+인플레이션)이라고 해요. 우크라이나와 러시아 전쟁이 길어지면서 곡물 가격이 상승한 것도 밀크플레이션에 적지 않은 영향을 주고 있지요. 젖소가 먹는 곡물 사료 가격이 오르면 우유 생산비가 높아지고, 이로 인해 젖소에게 사료를 많이 주지 못하다 보면 우유 **생산량**이 줄어들 수밖에 없어요.

　밀크플레이션은 우유 가격뿐 아니라 우유가 들어가는 치즈나 아이스크림을 비롯한 **유제품** 가격까지 동시에 끌어올리고 있어요. 2023년 **외식** 물가만 보더라도 많은 양의 치즈가 들어가는 피자 가격은 무려 12.3% 오르며 김밥(6.6%)과 떡볶이(6.4%)를 제치고 최고의 상승률을 보였죠.

　밀크플레이션이 지속되면서 **소비자**들은 값싼 **멸균** 우유를 찾기 시작했어요. 멸균 우유는 일반 우유와 영양이 비슷하고, 135도 이상의 높은 온도에서 짧은 시간 가열하여 대부분의 미생물을 제거한 덕에 **소비 기한**이 길다는 장점이 있어요. 게다가 폴란드 등 해외에서 **수입**되는 멸균 우유의 경우 우리나라 우유 대비 30~40%가량 저렴한 가격 덕분에 인기가 나날이 상승 중이지요.

　멸균 우유의 판매가 늘면서 우리나라 **낙농**업계는 **노심초사**하고 있어요. 이런 추세면 수입 멸균 우유로 인해 국내산 우유가 설 자리를 잃을 수도 있습니다.

- **생산량**: 일정한 기간에 재화가 생산되는 양
- **유제품**: 가축의 젖을 가공하여 만든 식품을 통틀어 이르는 말
- **외식**: 밖에서 음식을 사 먹음
- **소비자**: 물건을 사거나 쓰는 사람
- **멸균**: 세균을 완전히 없앰
- **소비 기한**: 식품을 섭취해도 건강이나 안전에 이상이 없을 것으로 인정되는 소비 최종 시한
- **수입**: 외국의 물품을 사들임
- **낙농**: 가축을 길러 젖을 짜거나, 젖을 가공하여 유제품을 만드는 농업
- **노심초사**: 마음속으로 애를 쓰며 속을 태움

생각 씨앗

❶ 신문 기사를 소리 내어 읽었나요? ☐

❷ 기사의 부제목을 적어 보세요.

------

❸ 기사에서 많이 나온 주요 단어는 무엇인가요?

ㅁ	ㅋ	ㅍ	ㄹ	ㅇ	ㅅ

생각 톡톡

❶ 다음은 밀크플레이션이 일어나는 과정입니다. 빈 칸에 알맞은 말을 본문에서 찾아 적어 보세요.

☐ 와 러시아 전쟁 → 곡물 가격 상승 → 우유 ☐ 증가 → 젖소 사료 부족 → 우유 ☐ 감소 → 밀크플레이션 발생

❷ 밀크플레이션으로 인한 현상으로 틀린 것은 무엇인가요? ( )

① 우유 가격뿐 아니라 유제품 가격도 끌어올리고 있다.
② 2023년 외식 물가 중 떡볶이가 최고의 상승률을 보였다.
③ 소비자들이 값싼 멸균 우유를 찾기 시작했다.
④ 멸균 우유가 잘 팔리자 낙농업계가 노심초사하고 있다.

생각 쑥쑥

밀크플레이션 때문에 피자 가격이 너무 올라 선뜻 사먹기가 어려워. 우유나 치즈도 마찬가지고. 가격 때문인지 요샌 아빠가 멸균 우유를 자주 사 오셔.

낙농업계도 멸균 우유 때문에 고민이 많은가봐. 멸균 우유가 수입되면서 가파르게 오르던 우유 가격이 누그러진 것 같거든.

수입 멸균 우유가 소비자들의 입맛을 사로잡으면 낙농업계는 더 힘들어질 거야. 우크라이나와 러시아 전쟁이 빨리 끝나서 사료 값이 안정되면 좋겠어.

생각 열매

- 밀크플레이션으로 유제품 가격이 크게 상승하면서 멸균 우유 수입이 늘고 있어요. 이에 대한 여러분의 생각을 적어 보세요.

어휘 쑥쑥

乳製品
젖 유 / 지을 제 / 물건 품

유제품 가축의 젖을 가공하여 만든 식품을 통틀어 이르는 말

예) 대형 마트에서 유제품을 싸게 팔고 있다.

消費者
사라질 소 / 쓸 비 / 놈 자

소비자 물건을 사거나 쓰는 사람

예) 친환경 농산물에 대한 소비자의 요구가 늘고 있다.

滅菌
멸망할 멸 / 버섯 균

멸균 세균을 완전히 없앰

예) 멸균 우유라도 개봉 후에는 빠른 시간 안에 마셔야 한다.

생각 정리

밀크플레이션으로 우유와 ☐☐☐ 가격이 높아지자 ☐☐☐들이 값싼 ☐☐ 우유를 찾기 시작했다.

문화

38 극장 가서 영화 볼래? OTT로 집에서 볼래?

찐 영화 감상이냐, 가성비 영화 감상이냐

월   일

코로나 팬데믹을 거치면서 사람들이 영화를 보는 방법에 큰 변화가 생겼어요. 영화진흥회에서 **제공**한 자료에 의하면, 2018년 극장에서 영화를 본 사람(99.1%)과 넷플릭스 같은 OTT 서비스 등을 이용해 극장 외 다른 방법으로 영화를 본 사람(90.2%)의 비율은 비슷했습니다. 하지만 2022년에는 극장에서 영화를 본 사람(65.4%)보다 극장 외 다른 방법으로 영화를 관람한 사람(97.2%)이 훨씬 많아졌어요.

관람한 편 수에서는 **격차**가 더욱 큰데요. 2018년 일인당 극장에서 본 영화 편 수는 평균 7편이고 극장 외 다른 방법으로 본 편 수는 평균 9편이었는데, 2022년엔 각각 5편과 16편으로 그 차이가 훨씬 벌어졌어요.

사람들이 극장에서 영화를 보는 가장 큰 이유로 꼽는 것은 커다란 화면과 사운드가 주는 현장감이에요. 극장 특유의 분위기를 즐길 수 있고 개봉 영화를 가장 빨리 볼 수 있다는 것도 장점이지요. 극장이 주는 매력이 여전히 적지 않다는 뜻이에요. 이에 반해 OTT 서비스를 **선호**하는 사람들은 언제 어디서나 인터넷만 되면 원하는 작품을 볼 수 있다는 점을 가장 많이 꼽아요. 또 극장에서 영화를 보려면 한 편낭 1만 원이 훌쩍 넘는 비용을 **지불**해야 하지만 OTT의 경우 다달이 일정 금액만 결제하면 **무제한**으로 관람할 수 있어 부담이 적다는 장점이 있어요.

- **제공**: 가지고 있는 것을 내놓거나 대주어 도움이 되게 함
- **격차**: 빈부, 임금, 기술 수준 등의 동떨어진 차이
- **선호**: 여럿 중에서 어떤 것을 특별히 좋아함
- **지불**: 돈을 내어 줌
- **무제한**: 정해진 범위나 한계가 없음

생각 씨앗

❶ 신문 기사를 소리 내어 읽었나요? ☐

❷ 기사의 제목을 적어 보세요.

----

❸ 기사에서 많이 나온 주요 단어는 무엇인가요?

　　　　　　　　　　　　　　　　　　　　　ㅇ　ㅎ
　　　　　　　　　　　　　　　　　　　　　☐　☐

생각 톡톡

❶ 여러분은 주로 극장에서 영화를 보나요? 아니면 넷플릭스 같은 OTT 서비스를 많이 이용하나요? 해당하는 것에 동그라미 치세요.

　　　　　　　　　　　　　　　극장 (　　　) / OTT 서비스 (　　　)

❷ 극장에서 영화를 보는 가장 큰 이유는 커다란 화면과 풍부한 사운드가 주는 ☐☐☐이다.

❸ OTT 서비스로 영화를 보는 이유로 옳은 것 두 가지는 무엇인가요? (　　,　　)

① 개봉 영화를 가장 빠르게 볼 수 있다.
② 언제 어디서나 인터넷만 되면 영화를 볼 수 있다.
③ 한 편당 1만 원이 훌쩍 넘는 비용을 지불해야 한다.
④ 다달이 일정한 금액만 결제하면 무제한으로 영화를 즐길 수 있다.

생각 쑥쑥

어제 영화관에서 스파이더맨 영화를 봤는데 화면과 사운드가 엄청났어. 영화 보면서 먹은 팝콘과 음료도 꿀맛이었고.

난 사람들이 많이 모이는 영화관보다 집이 좋아. 시간이 나면 언제든 내가 보고 싶은 걸 볼 수 있으니까 말이야.

예전엔 꼭 영화관에 가서 영화를 봤는데 요샌 휴대폰이나 태블릿으로 보는 날이 더 많아. 영화관도 좋지만 OTT 서비스의 편리함을 포기할 수 없어.

생각 열매

- 여러분은 주로 영화관이나 OTT 서비스 중 어떤 방법으로 영화를 보는지 선택하고, 그 이유도 함께 써 보세요.

○ 영화관에서 영화를 본다　　○ 넷플릭스와 같은 OTT 서비스로 영화를 본다

이유

어휘 쑥쑥

支 拂
가를 지 / 떨 불

지불 돈을 내어 줌

예) 떡볶이 값을 지불했더니 주머니가 텅 비었다.

無 制 限
없을 무 / 마를 제 / 한정 한

무제한 정해진 범위나 한계가 없음

예) 무제한 요금제는 결코 무료가 아니다.

選 好
뽑을 선 / 좋아할 호

선호 여럿 중에서 어떤 것을 특별히 좋아함

예) 어린이들은 김치보다 피자를 선호한다.

생각 정리

최근 사람들은 일정한 금액을 ☐☐ 하면 ☐☐☐ 으로 영화를 볼 수 있는 OTT 서비스를 더 ☐☐ 한다.

사회 39

전기 요금 누진제, 국제 표준으로 바꿔야
누진제, 한 달에 400kwh만 써도 요금이 3배

월   일

여름철이 되어 더위가 찾아오면 집집마다 자연스럽게 에어컨을 켭니다. 기온이 올라가면서 에어컨과 선풍기 같은 냉방기 사용량은 계속해서 늘어나지요. 하지만 다음달에 날아올 **전기 요금**에 대한 부담으로 마음껏 사용하기는 어려워요. 그 이유는 바로 전기 요금 **누진제**에 있습니다.

전기 요금 누진제는 **전력 사용량**이 많아질수록 같은 양을 써도 요금이 비싸지는 것을 말해요. 우리나라의 주택용 전기 요금 누진제는 4단계로 되어 있어요. 그래서 사용량이 올라가면 최대 6배나 되는 요금을 내야 할 수도 있습니다. 가정에서 한 달에 200kwh 이하를 사용하면 1kwh당 요금이 120원이지만 201~400kwh를 사용하면 214원, 400kwh 이상을 사용하면 307원, 그리고 1000kwh 이상을 사용하면 1kwh당 무려 6배가 넘는 728원을 내야 합니다.

우리나라와 달리 미국이나 일본 같은 OECD 국가들은 누진제가 2단계로 되어 있어요. 게다가 사용량이 늘더라도 최대 1.5배까지만 요금을 부과하기 때문에 6배나 되는 우리나라에 비해 훨씬 저렴하지요. 독일이나 프랑스, 영국 같은 나라는 아예 누진제가 없고요. 이러한 **요금제**가 **불합리**하다고 생각한 국민 6만여 명이 2018년 청와대에 국민**청원**을 내기도 했어요. 우리나라도 국제 표준으로 바뀌어야 하지 않을까요?

- **전기 요금**: 전기를 사용한 데 대한 요금
- **누진제**: 많이 쓰면 쓸수록 요금이 급격히 많아지는 제도
- **전력**: 전류가 단위 시간에 행하는 일
- **사용량**: 물건 따위를 사용한 분량
- **요금제**: 전력 또는 통신 서비스의 이용에 대한 요금 체계
- **불합리**: 이치나 논리에 합당하지 아니함
- **청원**: 일이 이루어지도록 청하고 원함

생각 씨앗

① 신문 기사를 소리 내어 읽었나요? ☐

② 기사의 제목을 적어 보세요.

---

③ 기사에서 많이 나온 주요 단어는 무엇인가요?

ㄴ ㅈ ㅈ
☐ ☐ ☐

생각 톡톡

① 전기요금 누진제는 ☐☐ ☐☐ 이 많아질수록 같은 양을 써도 요금이 비싸진다.

② 주택용 전기요금 누진제 4단계를 표로 만들었습니다. 빈 칸에 알맞은 수를 넣으세요.

단계	전력 사용량	1kwh당 전기 요금
1단계	200kwh 이하	( )원
2단계	201~( ) kwh	214원
3단계	401~1,000kwh	307원
4단계	( ) kwh 이상	( )원

생각 쑥쑥

주택용 전기 요금에 누진제가 있는 건 불합리해 보여. 무더운 여름에 에어컨을 켜야 쾌적하게 지낼 수 있는데 누진제 때문에 마음껏 에어컨을 켤 수 없으니 말이야.

누진제가 없으면 가정에서 전기를 낭비할지도 몰라. 그나마 누진제가 있어서 사람들이 전기를 아끼는 거야. 전기를 절약하는 건 환경을 위해서도 중요하고.

문제는 주택용에만 과도하게 누진세가 붙는다는 거야. 미국이나 일본 같은 OECD 국가들은 누진제가 2단계로 되어 있어 사용량이 늘어도 큰 부담이 없거든. 국민들의 생활 편의를 배려한 정책이 필요해.

생각 열매

- 가정에서 사용하는 주택용 전기 요금이 적당한지 과도한지 여러분의 의견을 적어 보세요.

어휘 쑥쑥

使用量 부릴 사 / 쓸 용 / 헤아릴 량(양)
사용량 물건 따위를 사용한 분량
예) 에너지 사용량을 줄이려 노력 중이다.

累進制 묶을 루(누) / 나아갈 진 / 마를 제
누진제 많이 쓰면 쓸수록 요금이 급격히 많아지는 제도
예) 주택용 전기 요금 누진제는 개선이 필요하다.

不合理 아니 불 / 합할 합 / 다스릴 리
불합리 이치나 논리에 합당하지 아니 함
예) 불합리한 일을 당하면 속상하다.

생각 정리

전력 ☐☐☐ 이 많아질수록 요금이 급격히 높아지는 주택용 전기 요금 ☐☐☐ 는 ☐☐☐ 하다.

엄마, 내가 카페인을 마셨대요
커피뿐 아니라 녹차, 탄산음료에도 카페인이…

어린이들이 카페에 가서 코코아나 녹차 라테를 주문해 마시는 것은 이제 흔한 광경입니다. 그런데 코코아나 녹차 라테에도 **카페인**이 제법 들어 있다는 사실을 알고 있나요? 카페인이 많이 들어 있는 걸로 유명한 커피의 경우 아메리카노 한 잔(355ml)에 150mg의 카페인이 들어 있어요. 그보다 적긴 하지만 코코아 한 잔(240ml)에는 40mg, 녹차 라테(355ml) 한 잔에는 45mg의 카페인이 들어 있어요.

성인 기준으로 카페인 일일 **권장량**은 400mg이에요. 어린이의 경우 몸무게에 따라 일일 권장량이 결정되는데, 몸무게 40kg인 어린이가 하루에 100mg 이상의 카페인을 **섭취**하면 건강에 해롭다고 합니다. 사실 카페인의 경우 일일 '권장량'이라는 표현보다 일일 '제한량'이라는 말이 더 적합하지요.

카페인 섭취를 **제한**하는 데는 이유가 있어요. 과도한 카페인 섭취는 마음을 불안하게 하고, 심장 박동 수를 높이며, 잠이 잘 오지 않는 **수면** 장애를 일으키는 등 여러 가지 **부작용**을 **초래**하기 때문이에요. 그런데 커피나 카페인 음료를 마시는 중고등학생들이 매년 늘고 있다고 해요. 공부할 때 졸지 않고 집중하기 위해서, 그리고 친구들과 어울리기 위해서라고 하네요. 요즘은 초등학교 5,6학년생들도 학원 공부를 위해 커피나 카페인 음료를 찾고 있다 하고요. 이른 시기에 카페인에 노출되면 다양한 부작용이 있을 수 있으니 주의가 필요합니다.

- **카페인**: 카카오와 차 따위의 잎에 들어 있는 무색의 고체
- **권장량**: 음식의 열량 따위를 권하여 장려하는 양
- **섭취**: 영양소나 양분 등을 몸 안에 받아들임
- **제한**: 한계를 정하거나 그것을 넘지 못하게 막음
- **수면**: 잠을 자는 것
- **부작용**: 어떤 일에 부수적으로 일어나는 바람직하지 못한 작용
- **초래**: 어떤 결과를 가져오거나 이끌어냄

생각 씨앗

❶ 신문 기사를 소리 내어 읽었나요? ☐

❷ 기사의 제목을 적어 보세요.

----

❸ 기사에서 많이 나온 주요 단어는 무엇인가요?

ㅋ ㅍ ㅇ
☐ ☐ ☐

생각 톡톡

❶ 다음 중 카페인이 들어 있는 음료에 동그라미 치세요.

| 녹차 라테 | 코코아 | 우유 |
| 자몽 주스 | 아메리카노 | 생수 |

❷ 카페인에 대한 설명으로 옳지 <u>않은</u> 것은 무엇인가요? (   )

① 성인 기준으로 하루 카페인 권장량은 400mg이다.
② 몸무게 40kg 어린이가 하루에 100mg 이상의 카페인을 섭취하면 건강에 해롭다.
③ 커피나 녹차, 코코아 같은 음료에는 카페인이 전혀 들어 있지 않다.
④ 과도한 카페인 섭취는 마음을 불안하게 하고 심장 박동 수를 높인다.

생각 쑥쑥

우리 누나는 시험 기간이면 커피나 카페인 음료를 마시면서 밤늦게까지 공부해. 그럼 집중력이 좋아진다고 하던데?

카페인 음료를 마시면 잠이 오지 않아서 늦게까지 공부할 수 있어. 하지만 수면 시간이 부족해지니 건강에 해롭지.

졸지 않고 공부하려면 카페인의 힘이 필요하고, 충분히 자면서 건강을 지키려면 카페인 음료를 먹지 말아야 하고. 정말 고민이야.

생각 열매

- 공부를 위해 카페인 음료를 먹는 것에 대해 어떻게 생각하는지 적어 보세요.

내 의견
....

이유
....
....
....
....
....
....

어휘 쑥쑥

攝取 당길 섭 / 취할 취
섭취 영양소나 양분 등을 몸 안에 받아들임
예) 음식을 골고루 섭취해야 건강에 좋다.

睡眠 졸음 수 / 잘 면
수면 잠을 자는 것
예) 적정 수면 시간을 지켜야 한다.

副作用 버금 부 / 지을 작 / 쓸 용
부작용 어떤 일에 부수적으로 일어나는 바람직하지 못한 작용
예) 약은 효능도 있지만 부작용도 있다.

생각 정리

카페인을 ☐☐ 하면 ☐☐ 장애 등 다양한 ☐☐☐ 을 초래할 수 있으므로 주의해야 한다.

생각 놀이터

- 초콜릿은 하루에 얼마까지 먹을 수 있을까?

어린이들이 아주 좋아하는 초콜릿에는 적지 않은 양의 카페인이 들어 있습니다. 어린이는 몸무게 1kg당 하루 2.5mg 이하의 카페인을 섭취해야 안전해요. 예를 들어 몸무게가 20kg인 어린이라면 50mg 이하가 적당하죠. 그런데 일반 초콜릿에는 10g당 많게는 5mg 이상의 카페인이 들어 있는 제품도 있어요.
아래 공식에 여러분의 몸무게를 넣고 먹을 수 있는 초콜릿 양을 알아보세요.

(몸무게) × 2.5mg = (※ 몸무게는 kg으로 적으세요.)	일일 카페인 권장량	먹을 수 있는 초콜릿 양 (일반 초콜릿 카페인 함량 10g당 5mg 기준)
(20) × 2.5mg =	50mg	일반 초콜릿 기준 2 × 50mg → 100g 이하
☐ × 2.5mg = ↳ 내 몸무게	☐ mg	일반 초콜릿 기준 2 × ☐ mg → ☐ g 이하

*곱하기는 계산기를 이용하세요.

초콜릿 한 개가 30g이라면 나는 최대 ☐ 개까지 먹을 수 있어요.
그 이상 먹으면 건강에 해로워요.

NEWS 2호

어휘 익히기

1주차

회	어휘	확인
1	• 낙서: 글자나 그림 따위를 장난으로 아무데나 함부로 씀	☐
	• 범행: 범죄 행위를 함	☐
	• 모방범: 다른 사람의 범행 수법을 모방하여 범죄 행위를 저지른 사람	☐
	• 청구: 남에게 돈이나 물건 따위를 달라고 요구함	☐
	• 손해 배상: 법률에 따라 남에게 끼친 손해를 물어 주는 일	☐
	• 훼손: 헐거나 깨뜨려 못 쓰게 만듦	☐
2	• 논란: 여럿이 서로 다른 주장을 내며 다툼	☐
	• 폐지: 실시하여 오던 제도나 법규, 일 따위를 그만두거나 없앰	☐
	• 복지: 행복한 삶	☐
	• 탄압: 권력이나 무력 따위로 억지로 눌러 꼼짝 못하게 함	☐
	• 부활: 폐지한 것을 다시 되살림	☐
	• 활성화: 기능을 활발하게 함	☐
3	• 규제: 법이나 규정으로 제한하거나 금하는 것	☐
	• 자영업자: 자신의 힘으로 혼자 경영하는 사업자	☐
	• 호소: 억울하거나 딱한 사정을 남에게 간곡히 알림	☐
	• 철회: 이미 주장한 것을 번복함, 한 번 말한 것을 취소	☐
	• 과태료: 의무 이행을 태만히 한 사람에게 벌로 물게 하는 돈	☐
	• 고용: 돈을 받고 남의 일을 해 줌	☐
	• 비판: 현상이나 사물의 옳고 그름을 판단하여 밝히거나 잘못된 점을 지적함	☐
4	• 궤도: 천체의 둘레를 돌면서 그리는 곡선의 길	☐
	• 생존: 살아 있음	☐
	• 캡슐: 우주 비행체의 기밀 용기	☐
	• 귀환: 본래 있던 곳으로 돌아가거나 돌아옴	☐
	• 과열: 지나치게 뜨거워짐. 또는 그런 열	☐
5	• 유아차: 어린아이를 태워서 밀고 다니는 수레	☐
	• 수명: 생물이 살아 있는 기한	☐
	• 관절: 뼈와 뼈가 서로 맞닿아 연결되어 있는 곳	☐
	• 노령견: 나이가 많은 늙은 개	☐
	• 분리: 서로 나누어 떨어짐	☐
	• 반려동물: 사람이 정서적으로 의지하고자 가까이 두고 기르는 동물	☐

2주차

회	어휘	확인
6	• 인근: 이웃한 가까운 곳	☐
	• 외벽: 건물 바깥쪽을 둘러싸고 있는 벽	☐
	• 조명: 광선으로 밝게 비춤. 또는 그 빛	☐
	• 역동적: 힘차고 활발하게 움직이는 것	☐
	• 시도: 어떤 것을 이루어 보려고 계획하거나 행동함	☐
7	• 콜센터: 회사의 제품 또는 서비스와 관련된 전화 통화 상담 처리 부서	☐
	• 반품: 일단 사들인 물품을 되돌려 보냄	☐
	• 폐지: 실시하여 오던 제도나 법규, 일 따위를 그만두거나 없앰	☐
	• 해고: 고용주가 고용 계약을 해제하여 피고용인을 내보냄	☐
	• 업체: 사업이나 기업의 주체	☐
	• 감축: 덜어서 줄임	☐
	• 업무: 직장 같은 곳에서 맡아서 하는 일	☐
	• 임금: 근로자가 노동의 대가로 받는 돈	☐
8	• 용량: 가구나 그릇 같은 데 들어갈 수 있는 분량	☐
	• 교묘하다: 솜씨나 재주 따위가 재치 있게 약삭빠르고 묘하다	☐
	• 가공식품: 농산물, 축산물, 수산물 따위를 인공적으로 처리하여 만든 식품	☐
	• 부담: 어떠한 의무나 책임을 짐	☐
	• 호감: 좋게 여기는 감정	☐
	• 대책: 어떤 일에 대처할 계획이나 수단	☐
9	• 폐원: 학원이나 병원 등의 기관이 더 이상 운영되지 않음.	☐
	• 불안감: 마음이 편하지 아니 하고 조마조마한 느낌	☐
	• 현황: 현재의 상황	☐
	• 요양: 휴양하면서 조리하여 병을 치료함	☐
	• 고령화: 한 사회에서 노인의 인구 비율이 높은 상태로 나타나는 일	☐
10	• 식용: 먹을 것으로 씀	☐
	• 일제히: 여럿이 한꺼번에	☐
	• 환호: 기뻐서 큰 소리로 부르짖음	☐
	• 침해: 침범하여 해를 끼침	☐
	• 도살: 사람이나 짐승을 함부로 참혹하게 마구 죽임	☐
	• 유예 기간: 일정한 시간을 미루어두는 기간	☐
	• 보상금: 보상으로 내놓는 돈	☐
	• 안락사: 고통이 적은 방법으로 생명을 단축하는 행위	☐

3주차

회	어휘	확인
11	• 규제: 규칙에 따라 일정한 한도를 정하거나 넘지 못하게 막음	☐
	• 완화: 긴장된 상태나 급박한 것을 느슨하게 함	☐
	• 작물: 논밭에 심어 가꾸는 곡식이나 채소	☐
	• 특정: 특별히 지정함	☐
	• 저항: 어떤 힘이나 조건에 굽히지 아니 하고 거역하거나 버팀	☐
12	• 철회: 주장하였던 것을 다시 회수하거나 번복함	☐
	• 반발: 어떤 상태나 행동 따위에 대하여 거스르고 반항함	☐
	• 함유: 물질이 어떤 성분을 포함하고 있음	☐
	• 검출: 물질 속에 어떤 화학 성분이 있는지를 검사하여 확인하는 일	☐
	• 배출: 안에서 밖으로 밀어 내보냄	☐
	• 감축: 덜어서 줄임	☐
13	• 거장: 예술, 과학 따위의 어느 일정 분야에서 특히 뛰어난 사람	☐
	• 추상화: 구체적인 인물이나 사물을 그리지 않고 점이나 선, 면, 색과 같은 요소만으로 감정과 생각을 표현한 그림	☐
	• 임명: 일정한 지위나 임무를 남에게 맡김	☐
	• 감명: 감격하여 마음에 깊이 새김	☐
	• 결합: 둘 이상의 사물이나 사람이 서로 관계를 맺어 하나가 됨	☐
	• 색채: 물체가 빛을 받을 때 물체의 겉에 나타나는 특유한 빛깔	☐
14	• 주기설: 일정 기간을 두고 되풀이하여 일어난다는 의견	☐
	• 희박하다: 일이 일어날 희망이나 가능성이 작다	☐
	• 괴담: 괴상한 이야기	☐
	• 분화: 화산성 물질이 지구 내부에서 표면으로 방출됨	☐
	• 질식: 숨통이 막히거나 산소가 부족하여 숨을 쉴 수 없게 됨	☐
	• 활화산: 지금도 화산 활동을 계속하고 있는 화산	☐
15	• 돌봄: 관심을 가지고 보살핌	☐
	• 계고장: 행정상의 의무를 행하는 것을 재촉하는 문서	☐
	• 중성화 수술: 새끼를 낳는 기능을 하지 못하도록 막는 수술	☐
	• 지자체: 지방 자치 단체를 줄여 이르는 말	☐
	• 민원: 주민이 행정 기관에 대하여 원하는 바를 요구하는 일	☐
	• 위법: 법률이나 명령 따위를 어김	☐

4주차

회	어휘	확인
16	• AI(Artificial Intelligence): 인공지능	☐
	• 프로필 사진: 자신을 소개하고 알리기 위해 찍은 사진	☐
	• 실물: 실제로 있는 물건이나 사람	☐
	• 보정: 부족한 부분을 보태어 바르게 함	☐
	• 초상권: 자기의 사진에 대한 독점권	☐
	• 침해: 침범하여 해를 끼침	☐
	• 구직자: 일자리를 구하는 사람	☐
17	• 대세: 일이 진행되어 가는 결정적인 형세	☐
	• 콘텐츠: 이미지나 영상 등 디지털 방식으로 제작한 각종 정보, 내용물	☐
	• 중독: 어떤 사상이나 사물에 젖어 버려 정상적으로 사물을 판단할 수 없는 상태	☐
	• 자극: 어떠한 작용을 주어 감각이나 마음에 반응이 일어나게 함	☐
	• 도전: 정면으로 맞서 싸움을 걺	☐
18	• 심야: 깊은 밤	☐
	• 자율주행: 운전자가 직접 운전하지 않고 차량 스스로 도로에서 달리게 하는 일	☐
	• 당분간: 앞으로 얼마간. 또는 잠시 동안	☐
	• 돌발 상황: 뜻밖의 일이 갑자기 일어난 상황	☐
	• 입석: 자리가 없어서 서서 타거나 구경하는 자리	☐
	• 급정거: 자동차나 기차 따위가 갑자기 섬	☐
19	• 천문: 우주와 천체의 온갖 현상과 그에 내재된 법칙성	☐
	• 진화: 일이나 사물 따위가 점점 발달하여 감	☐
	• 차세대: 지금 세대가 지난 다음 세대	☐
	• 현존: 현재에 있음	☐
20	• 열풍: 매우 세차게 일어나는 기운이나 기세를 비유적으로 이르는 말	☐
	• 최애: 가장 사랑함	☐
	• 마케팅: 소비자를 만족시키기 위해 상품 또는 서비스를 소비자에게 제공하기 위한 활동	☐
	• 굿즈(goods): 연예인, 만화, 영화 등 다양한 소재로 제작되는 관련 상품	☐
	• 교환: 서로 바꿈	☐
	• 랜덤(random): 무작위의	☐
	• 과소비: 돈이나 물품 따위를 지나치게 많이 써서 없애는 일	☐

5주차

회	어휘	확인
21	• 물가: 상품과 서비스의 가격을 평균한 수치, 물건의 가격	☐
	• 비용: 물건을 사거나 어떤 일을 하는 데 드는 돈	☐
	• 경기 침체: 물건을 사고파는 일이 잘 이루어지지 않아 시장에 돈이 잘 돌지 않는 현상	☐
	• 부채: 남에게 빚을 짐	☐
	• 입주: 새로 마련한 집이나 땅에 들어가 삶	☐
	• 위기: 어떤 일이 갑자기 나빠진 상황	☐
22	• 회견: 서로 만나서 문제에 대한 의사나 견해를 밝히는 것	☐
	• 밀집: 빈틈없이 빽빽하게 모임	☐
	• 사육: 짐승을 먹여 기름	☐
	• 인도적: 사람으로서 지켜야 할 도리나 도덕에 바탕을 둔	☐
	• 유지: 어떤 상태를 계속 이어 감	☐
	• 동물권: 동물에게 주어지는 기본적인 권리	☐
	• 입장: 어떤 것을 바라보는 기본적인 생각	☐
	• 대립: 의견이 서로 맞서거나 반대됨	☐
23	• 시중: 사람들이 많이 오가며 일상적으로 생활하는 곳	☐
	• 배출: 불필요한 물질을 안에서 밖으로 내보냄	☐
	• 염증: 생체 조직에 손상을 입었을 때 일어나는 방어 반응	☐
	• 면역: 저항력을 가지는 일	☐
	• 장애: 본래의 기능을 제대로 하지 못하는 상태	☐
24	• 강진: 강한 지진	☐
	• 관측: 자연 현상을 관찰하여 그 움직임을 측정함	☐
	• 쓰나미: 지진이나 화산 폭발로 발생하는 해일	☐
	• 동반: 함께 짝지어 생김	☐
	• 해일: 바닷물이 갑자기 크게 일어나 육지로 넘쳐 들어옴	☐
	• 내륙: 바다에서 멀리 떨어져 있는 육지	☐
	• 이재민: 재해를 입은 사람	☐
	• 원전: 핵반응 에너지를 이용하여 전력을 일으키는 시설	☐
	• 방류: 가두어 놓은 물이나 액체 따위를 흘려 내보냄	☐
25	• 장벽: 가리어 막은 벽	☐
	• 오보: 사실이나 사건을 잘못 알림	☐
	• 언론: 신문, 방송 등을 통하여 사실을 알리거나 여론을 형성하는 활동	☐
	• 시위: 사람들이 무리 지어 공개적인 장소에서 자신들의 주장을 폄	☐
	• 대변인: 대표하여 의견이나 입장을 밝혀 말하는 사람	☐
	• 국경: 나라와 나라 사이의 경계	☐
	• 특보: 새로운 소식을 특별하게 알림	☐
	• 공식적: 공적으로 인정된 형식이나 내용을 가진	☐

6주차

회	어휘	확인
26	• 노폐물: 몸에서 만들어지는 불필요한 찌꺼기 • 혈압: 심장에서 혈액을 밀어낼 때 혈관 안에 생기는 압력 • 점진적: 점차 조금씩 나아가는 • 손실: 감소하거나 잃어버려 입은 손해 • 질환: 몸에 생기는 온갖 병 • 만성: 오랜 시간 지속되어 익숙해진 상태 • 증세: 병을 앓을 때의 형세	☐ ☐ ☐ ☐ ☐ ☐ ☐
27	• 잠수: 물속에 잠김 • 신조어: 새로 만든 낱말 • 자격증: 일정한 능력을 갖춘 사람에게 그 능력을 인정해 주는 증명서 • 인식: 사물을 분별하고 판단하여 아는 일 • 정화: 더러운 것을 없애 깨끗하게 함 • 모토(Motto): 행동이나 말을 할 때 지침이 되는 마음가짐	☐ ☐ ☐ ☐ ☐ ☐
28	• 전기: 전자의 이동으로 생기는 에너지 • 충전: 전기 에너지를 회복시킴 • 항공유: 항공기의 연료로 사용되는 기름 • 인증: 합법적인 절차로 이루어졌음을 인정하고 증명함 • 상용화: 물품이 일상적으로 사용되게 됨 • 경량: 가벼운 무게 • 경쟁력: 상대와 경쟁하여 버티거나 이길 수 있는 힘	☐ ☐ ☐ ☐ ☐ ☐ ☐
29	• 면적: 평면이나 구면이 차지하는 넓이의 크기 • 대량: 아주 많은 분량이나 수량 • 해류: 일정한 방향과 속도로 움직이는 바닷물의 흐름 • 순환: 어떤 현상이 주기적으로 반복되거나 되풀이하여 돎 • 회전: 어떤 축을 중심으로 그 둘레를 돎 • 축적: 모아서 쌓음	☐ ☐ ☐ ☐ ☐ ☐
30	• 대체: 대신할 만한 것으로 바꿈 • 관계: 사람들 사이에 서로 연결되어 관련이 있는 것 • 직종: 직업이나 직무의 종류 • 분석: 복잡한 현상을 풀어서 논리적으로 해명함 • 직업군: 성질이 비슷한 직업을 한데 묶어 이르는 말 • 통계: 수집된 자료를 정리하여 일정한 체계에 따라 숫자로 나타냄	☐ ☐ ☐ ☐ ☐ ☐

7주차

회	어휘	확인
31	• 혜성: 꼬리가 있는 태양계의 천체로 어떤 분야에 갑자기 나타난 뛰어난 사람을 비유적으로 이를 때 사용하는 말	☐
	• 육상: 달리기, 뛰기, 던지기를 기본으로 하는 땅 위에서의 운동 경기	☐
	• 신체: 사람의 몸	☐
	• 선천성: 태어날 때부터 가지고 있는 성질	☐
	• 측만: 척추가 옆으로 활처럼 굽은 상태	☐
	• 변형: 모양이나 형태를 달라지게 함	☐
32	• 유료: 요금이 있음	☐
	• 지불: 돈을 내어 줌	☐
	• 용변: 똥이나 오줌을 눔	☐
	• 복지: 행복을 누릴 수 있는 상태	☐
	• 인색: 어떤 일을 지나치게 박하게 함	☐
	• 공중화장실: 여러 사람이 다 같이 이용하도록 공공장소에 만들어 놓은 화장실	☐
33	• 난기류: 방향과 속도가 불규칙하게 바뀌면서 흐르는 공기의 흐름	☐
	• 뇌우: 돌풍과 함께 내리는 비	☐
	• 기상: 바람, 비, 구름 등 대기 중에서 일어나는 모든 현상	☐
	• 악화: 어떤 일이나 관계가 나쁘게 변함	☐
	• 비상 착륙: 항공기가 고장나거나 돌발적인 사태가 생겼을 때 최후 수단으로 시도하는 착륙	☐
	• 경로: 지나는 길	☐
	• 고원: 평야에 비하여 높은 지대에 펼쳐진 넓은 벌판	☐
	• 해발 고도: 평균 해수면을 기준으로 하여 잰 어떤 지점의 높이	☐
	• 지형: 땅의 생긴 모양	☐
34	• 경제성장률: 일정 기간 동안 한 나라의 경제의 성장을 나타내는 지표	☐
	• 국토: 한 나라의 통치권이 미치는 지역	☐
	• 매장량: 지하자원이 땅 속에 묻혀 있는 분량	☐
	• 추정: 미루어 생각하여 판정함	☐
	• 가공: 천연의 것이나 완성되지 않은 것에 사람의 힘을 더함	☐
	• 경질유: 비중이 가벼운 품질 좋은 원유	☐
	• 경제성: 소비량에 비해 이득이 더 큰 성질	☐
	• 영토 분쟁: 영토의 주권을 두고 국가 사이에 벌어지는 분쟁	☐
35	• 유목민: 가축이 먹을 만한 물과 풀밭을 찾아 주기적으로 떠돌아다니며 사는 민족	☐
	• 해충: 인간에게 해를 끼치는 곤충	☐
	• 병충해: 농작물 등 식물이 병균이나 벌레에 의하여 입는 해	☐
	• 제초제: 농작물을 해치지 아니 하고 잡초만을 없애는 데 쓰는 약제	☐
	• 배설물: 동물 체내에서 몸 밖으로 내보낸 노폐물	☐
	• 농법: 농사를 짓는 방법	☐

8주차

회	어휘	확인
36	• 근무제: 직장 따위에서 일을 하는 데 정해진 방식이나 기준	☐
	• 워라밸: 일과 개인의 삶 사이의 균형을 이르는 말	☐
	• 제조업: 일정한 원료로 물건을 만드는 것을 전문으로 하는 사업	☐
	• 자기계발: 잠재하는 자기의 슬기나 재능, 사상 따위를 일깨워 줌	☐
	• 경영: 사업이나 기업 등을 계획적으로 관리하고 운영함	☐
	• 유익: 이롭거나 도움이 됨	☐
	• 의무적: 마땅히 해야 하는	☐
	• 시범 운영: 정식으로 운영하기 전에 시험적으로 운영하여 보는 일	☐
37	• 생산량: 일정한 기간에 재화가 생산되는 양	☐
	• 유제품: 가축의 젖을 가공하여 만든 식품을 통틀어 이르는 말	☐
	• 외식: 밖에서 음식을 사 먹음	☐
	• 소비자: 물건을 사거나 쓰는 사람	☐
	• 멸균: 세균을 완전히 없앰	☐
	• 소비 기한: 식품을 섭취해도 건강이나 안전에 이상이 없을 것으로 인정되는 소비 최종 시한	☐
	• 수입: 외국의 물품을 사들임	☐
	• 낙농: 가축을 길러 젖을 짜거나 젖을 가공하여 유제품을 만드는 농업	☐
	• 노심초사: 마음속으로 애를 쓰며 속을 태움	☐
38	• 제공: 가지고 있는 것을 내놓거나 대주어 도움이 되게 함	☐
	• 격차: 빈부, 임금, 기술 수준 등의 동떨어진 차이	☐
	• 선호: 여럿 중에서 어떤 것을 특별히 좋아함	☐
	• 지불: 돈을 내어 줌	☐
	• 무제한: 정해진 범위나 한계가 없음	☐
39	• 전기요금: 전기를 사용한 데 대한 요금	☐
	• 누진제: 많이 쓰면 쓸수록 요금이 급격히 많아지는 제도.	☐
	• 전력: 전류가 단위 시간에 행하는 일	☐
	• 사용량: 물건 따위를 사용한 분량	☐
	• 요금제: 전력 또는 통신 서비스의 이용에 대한 요금 체계	☐
	• 불합리: 이치나 논리에 합당하지 아니 함	☐
	• 청원: 일이 이루어지도록 청하고 원함	☐
40	• 카페인: 카카오와 차 따위의 잎에 들어 있는 무색의 고체	☐
	• 권장량: 음식의 열량 따위를 권하여 장려하는 양	☐
	• 섭취: 영양소나 양분 등을 몸 안에 받아들임	☐
	• 제한: 한계를 정하거나 그것을 넘지 못하게 막음	☐
	• 수면: 잠을 자는 것	☐
	• 부작용: 어떤 일에 부수적으로 일어나는 바람직하지 못한 작용	☐
	• 초래: 어떤 결과를 가져오거나 이끌어냄	☐

NEWS 2호

해답

1주차

01 본문 18쪽

생각 톡톡
1. 경복궁
2. 2023년 12월 16일
3. ④

생각 정리
경복궁 담장에 낙서한 범인에게 약 1억 5천만 원이 청구되었어요.

02 본문 22쪽

생각 톡톡
1. 27년
2. 전통 놀이
3. ④

생각 정리
정읍 소싸움 대회가 동물 학대 논란으로 폐지되었다.

03 본문 26쪽

생각 톡톡
1. 1년
2. ②
3. 자영업자의 부담이 크고 소비자들도 불편을 호소했기 때문이다.

생각 정리
환경부는 1년 만에 일회용품 사용 규제를 철회했다.

04 본문 30쪽

생각 톡톡
1. 러시아
2. 스푸트니크 2호
3. 라이카는 사실 발사 후 온도 조절 장치 이상에 의한 과열과 스트레스로 5~7시간 만에 죽고 말았다.

생각 정리
라이카는 최초로 지구의 궤도에 오른 우주견이지만 귀환하지 못했다.

05 본문 34쪽

생각 톡톡
1. 개모차
2. 나이가 든 노령견을 산책시키려고 개모차를 산다. 혹은 바구니 부분을 분리해서 애완견 시트나 이동용 가방으로 사용하기 위해서 구입한다.
3. 우리나라의 저출산 문제가 심해지고 반려동물을 키우는 사람이 늘어났기 때문이다.

생각 정리
저출산으로 유아차보다 반려동물을 위한 개모차가 더 많이 판매되었다.

2주차

06 본문 42쪽

생각 톡톡
❶ 외벽, 조명
❷ ④

생각 정리
미디어 파사드는 건물 외벽에 조명을 설치하고 정보를 전달하는 예술 작품이라 할 만하다.

07 본문 46쪽

생각 톡톡
❶ 인공지능 상담 서비스의 발달로 콜센터 이용률이 낮아졌기 때문이다.
❷ 인공지능 상담 서비스 도입으로 많은 사람들이 일자리를 잃을 위기에 놓였다.

생각 정리
인공지능의 발달로 콜센터 상담원이 해고되었다.

08 본문 50쪽

생각 톡톡
❶ 제품 가격은 그대로 두고 크기나 용량 등을 줄여서 판매하는 것
❷ ③

생각 정리
용량을 줄이고 포장지만 바꿔서 판매하는 슈링크플레이션이 일어나고 있다.

09 본문 54쪽

생각 톡톡
❶ 약 1만 개
❷ 약 1만 3천 개
❸ 맞벌이 가정은 아이를 믿고 맡길 수 있는 곳이 사라져서 불안하다. 또한 학부모들은 아이를 멀리 떨어진 곳으로 보내야 해서 더 불편해질 수 있다.

생각 정리
저출산으로 어린이집은 줄어들고, 고령화로 노인 시설은 증가했다.

10 본문 58쪽

생각 톡톡
❶ 2024년 1월 9일
❷ 3년
❸ 농장에서 풀려난 많은 개가 안락사 될 수 있다.

생각 정리
개 식용 금지법이 국회에서 통과되었다.

3주차

11 본문 66쪽

생각 톡톡
1. 특정 유전자를 잘라내는 유전자 가위 기술이 적용된 작물
2. ③

생각 정리
유럽은 유전자 교정작물 규제를 완화했다.

12 본문 70쪽

생각 톡톡
1. 검출, 500년, 5배
2. 일회용 플라스틱 빨대 사용 규제를 철회하였기 때문이다.

생각 정리
종이 빨대는 친환경 논란으로 전문가들도 의견이 엇갈리고 있다.

13 본문 74쪽

생각 톡톡
1. 러시아
2. 1895년에 열린 전시회에서 클로드 모네의 그림을 보고 감명을 받아 교수직을 그만두고 화가가 되기로 했다.
3. ①

생각 정리
칸딘스키의 미술 작품을 인공지능으로 분석하여 소리로 바꾸는 데 성공했다.

14 본문 78쪽

생각 톡톡
1. 가능성이 희박하다.
2. 1903년
3. 화산재가 태양 빛을 막아 기온을 떨어뜨려 농작물이 제대로 자라지 않을 것이다. 항공기 운항이 중단되고 이산화탄소가 나와서 백두산 주변 50㎞의 생물이 한 시간 내 질식해서 죽을 수 있다.

생각 정리
2025년 백두산 화산 폭발 가능성은 희박하다.

15 본문 82쪽

생각 톡톡
1. 길고양이에게 안정적으로 먹이를 주고 주변 환경을 깨끗하게 유지하면서 중성화 수술 사업을 펼칠 목적으로 만들어진 시설물
2. 소음 문제, 주변 환경이 지저분해지는 문제 등이 있다.

생각 정리
길고양이 급식소 설치를 두고 갈등이 있어요.

4주차

16 본문 90쪽

생각 톡톡
❶ 자기 사진을 앱에 올리면 인공지능 기술로 프로필 사진을 만들어주는 서비스
❷ ②

생각 정리
인공지능 프로필 사진이 실물보다 예쁘게 나와 유행이다.

17 본문 94쪽

생각 톡톡
❶ 디지털 기기의 강렬한 자극에 익숙해져 일상생활에 흥미를 잃고 큰 자극만 쫓게 되는 팝콘 브레인 현상이 나타날 수 있다.
❷ 앱을 삭제하거나 숏폼 영상이 보이지 않도록 숨긴다.

생각 정리
숏폼 영상에 중독되면 뇌 건강에 문제가 생길 수 있다.

18 본문 98쪽

생각 톡톡
❶ 2023년 12월 4일
❷ 운전사 없이 깊은 밤에 운영되는 버스
❸ ①

생각 정리
심야 자율주행 버스가 세계 최초로 서울시에서 운영되었다.

19 본문 102쪽

생각 톡톡
❶ 2021년 12월 25일
❷ 약 13조 원
❸ ④

생각 정리
제임스 웹 우주 망원경에 관한 관심이 세계적으로 높아지고 있다.

20 본문 106쪽

생각 톡톡
❶ K팝 음반 판매를 높이려는 목적으로 포토 카드를 넣어서 판매하여 인기가 높아졌다.
❷ 포토 카드는 아이들의 과소비를 부추긴다. 웃돈을 주고 포토 카드를 거래하는 일도 나타난다.

생각 정리
포토 카드 마케팅으로 대량 구매하는 과소비가 늘었다.

5주차

21 본문 114쪽

생각 톡톡
① 인플레이션
② ②

생각 정리
물가가 내리면서 경기 침체를 맞는 디플레이션은 국가에 큰 위기를 가져온다.

22 본문 118쪽

생각 톡톡
① 강원도 화천군
② 동물 학대
③ ①

생각 정리
산천어 축제를 유지하자는 화천군의 입장과 동물권을 지키자는 시민 단체의 입장이 대립하고 있다.

23 본문 122쪽

생각 톡톡
① 5mm 이하
② ④
③ 편리함

생각 정리
미세 플라스틱이 몸에서 배출되지 않으면 염증을 일으키거나 호르몬 장애를 만든다.

24 본문 126쪽

생각 톡톡
① 일본
② 후쿠시마
③ ④

생각 정리
일본은 관측 사상 최고의 강진과 쓰나미를 동반한 동일본 대지진으로 세계 최대 지진 피해국이 되었다.

25 본문 130쪽

생각 톡톡
① 1989년, 동독, 서독
② 자유롭게 국경
③ ③

생각 정리
베를린 장벽은 대변인의 실수와 언론의 오보로 인해 무너졌다.

6주차

26 본문 138쪽

생각 톡톡
❶ 짜게, 신장, 영향
❷ ④

생각 정리
습관적으로 짜게 먹으면 신장 기능이 손실되어 만성신장질환에 걸릴 수 있다.

27 본문 142쪽

생각 톡톡
❶ 잠수
❷ ○, ×, ○, ○

생각 정리
잠수를 즐기며 쓰레기를 줍는 플로버들은 사람들의 인식 변화와 해양 정화를 위해 노력하고 있다.

28 본문 146쪽

생각 톡톡
❶ 2023년
❷ ④

생각 정리
한 번 충전으로 50분 정도 비행하는 전기비행기는 유럽을 중심으로 상용화되고 있다.

29 본문 150쪽

생각 톡톡
❶ 16배
❷ 원형 순환 해류
❸ 생명

생각 정리
사람들이 버린 쓰레기들이 원형 순환 해류로 인해 대량으로 모여 커다란 면적의 쓰레기 섬을 만들었다.

30 본문 154쪽

생각 톡톡
❶ 데이터, 분석
❷ 사회적 관계

생각 정리
유발하라리는 사회적 관계와 연관된 직종은 AI로 대체가 어렵다고 했다.

7주차

31 본문 162쪽

생각 톡톡
1. 자메이카
2. 2008년, 베이징
3. ④

생각 정리
올림픽 육상 경기에 혜성처럼 나타난 볼트는 척추측만증을 이기고 세계를 놀라게 했다.

32 본문 166쪽

생각 톡톡
1. 유료, 지불
2. ③
3. 청결한, 1층

생각 정리
복지가 잘되어 있는 유럽이 화장실에 인색한 반면 우리나라는 세계 최고 수준의 공중화장실을 갖추고 있다.

33 본문 170쪽

생각 톡톡
1. 비상 착륙
2. 4500m
3. 난기류
4. 500

생각 정리
티베트 고원처럼 난기류가 잦은 곳은 비행기의 경로로 잘 사용하지 않는다.

34 본문 174쪽

생각 톡톡
1. 62%, 38%
2. 베네수엘라, 수리남
3. ③

생각 정리
경제성 높은 경질유의 대량 발견으로 가이아나는 단숨에 부유한 나라가 되었지만 그로 인해 영토 분쟁에 휩싸였다.

35 본문 178쪽

생각 톡톡
1. 2주간
2. 오리알
3. ③

생각 정리
오리 농법은 유목민에게 사료 값을 아껴 주고, 농부에게 해충과 잡초를 제거해주는 누이 좋고 매부 좋은 농법이다.

해답 223

8주차

36 본문 186쪽

생각 톡톡
① 사회적으로 일과 삶의 균형이 중요해졌기 때문이다.
② 벨기에
③ ①

생각 정리
주 4일 근무제가 회사 경영에 유익하다고 판단하는 기업들이 늘고 있다.

---

37 본문 190쪽

생각 톡톡
① 우크라이나, 생산비, 생산량
② ②

생각 정리
밀크플레이션으로 우유와 유제품 가격이 높아지자 소비자들이 값싼 멸균 우유를 찾기 시작했다.

---

38 본문 194쪽

생각 톡톡
① 생략
② 현장감
③ ②, ④

생각 정리
최근 사람들은 일정한 금액을 지불하면 무제한으로 영화를 볼 수 있는 OTT서비스를 더 선호한다.

---

39 본문 198쪽

생각 톡톡
① 전력 사용량
② 120원, 400, 1000, 728원

생각 정리
전력 사용량이 많아질수록 요금이 급격히 높아지는 주택용 전기 요금 누진제는 불합리하다.

---

40 본문 202쪽

생각 톡톡
① 녹차 라테, 코코아, 아메리카노
② ③

생각 정리
카페인을 섭취하면 수면 장애 등 다양한 부작용을 초래할 수 있으므로 주의해야 한다.